적당히
씩씩하게 살아갑니다

적당히 씩씩하게 살아갑니다

모두의 반려질병 보고서

초 판 1쇄 2025년 04월 17일

지은이 강영아, 글쓰는하루, 김지은, 날씬병아리, 노마드맘, 몰디브, 박순영,
윤경랑, 이정화, 최강임, 타임푸어
펴낸이 류종렬

펴낸곳 미다스북스
본부장 임종익
편집장 이다경, 김가영
디자인 윤가희, 임인영
책임진행 이예나, 김요섭, 안채원, 김은진, 장민주

등록 2001년 3월 21일 제2001-000040호
주소 서울시 마포구 양화로 133 서교타워 711호
전화 02) 322-7802~3
팩스 02) 6007-1845
블로그 http://blog.naver.com/midasbooks
전자주소 midasbooks@hanmail.net
페이스북 https://www.facebook.com/midasbooks425
인스타그램 https://www.instagram.com/midasbooks

ⓒ 강영아, 글쓰는하루, 김지은, 날씬병아리, 노마드맘, 몰디브, 박순영, 윤경랑, 이정화, 최강임, 타임푸어, 미다스북스 2025, *Printed in Korea*.

ISBN 979-11-7355-189-5 03810

값 17,500원

※ 파본은 본사나 구입하신 서점에서 교환해드립니다.
※ 이 책에 실린 모든 콘텐츠는 미다스북스가 저작권자와의 계약에 따라 발행한 것이므로 인용하시거나 참고하실 경우 반드시 본사의 허락을 받으셔야 합니다.
※ 표지 일러스트는 AI를 활용해 제작되었습니다.

미다스북스는 다음세대에게 필요한 지혜와 교양을 생각합니다.

적당히
씩씩하게 살아갑니다

모두의 반려질병 보고서

강영아

글쓰는하루

김지은

날씬병아리

노마드맘

몰디브

박순영

윤경랑

이정화

최강임

타임푸어

미다스북스

추천사

『적당히 씩씩하게 살아갑니다』는 누구의 말도 아닌 자신의 언어로 직접 아픔을 이야기한 여성들의 기록입니다. 참 오래도 꾹꾹 눌러 담았을 이야기들입니다. 견디는 것이 익숙했던 몸, 괜찮은 척이 당연했던 마음, 아프다는 말조차 꺼내기 어려웠던 일상 속에서 이 책의 작가님들은 마침내 용기를 내어 꺼내기 시작했습니다. 병을 고백한다는 건 단지 증상을 말하는 일이 아니었겠지요. 오랜 시간 감춰둔 외로움, 불안, 상실, 죄책감 같은 감정들이 병이라는 이름으로 떠오르기까지 그 고통을 직접 겪고 살아낸 이들이 아니면 절대 쓸 수 없는 문장들이 책 안에 조용히 박혀 있습니다. 아픔을 잘 쓰고, 잘 건넬 줄 아는 사람들의 문장 앞에서 우리는 비로소 나의 고통도 존중받아야 했다는 걸 깨닫게 됩니다. 그리고 누군가의 고백 덕분에, 나도 내 아픔을 조금 덜 외롭게 바라보게 됩니다.

저 역시 제법 오랜 시간 아팠던 엄마입니다. 어떤 날은 '엄마니까 이 정도는 참아야지' 하며 스스로를 달랬고, 어떤 날은 '왜 난 이렇게까지 힘들까' 자책하기도 했습니다. 아이를 위해서는 뭐든 해주면서 정작 내 아픔은 뒤로 밀어두었답니다. 좋은 엄마가 되고 싶었고, 건강하고 밝은 엄마로 살고 싶었는데 결국은 내 몸이 먼저 신호를 보냈고, 그 신호를 외면한 시간들이 나를 병으로 데려왔습니다. 그래서일까요. 이 책을 읽는 내내 깊이 공감하며 여러 번 멈춰 읽었습니다.

그래서 이 책을 '좋은 엄마'가 되지 못했다며 조용히 마음속에서 자책하고 있는 엄마들에게 꼭 전하고 싶습니다. 아이 앞에서 울면 안 될 것 같아 울음을 삼켰던 사람, 나도 아픈데 누구에게도 털어놓을 수 없어 마음까지 병이 나버린 사람, 한 번쯤 '나도 괜찮지 않다'라고 말하고 싶은 사람에게 이 책은 작은 숨구멍이 되어줄 것입니다.

- 이은경 (부모교육 전문가, '슬기로운초등생활' 대표)

연구실에서 암세포를 다루며 실험하는 동안, 저도 모르게 제 연구 주제에만 몰두해 정작 이 병으로 고통받는 '사람'들을 잊고 지낼 때가 많습니다. 그래서일까요, 이 책에 담긴, 일하고, 아프고, 살아가는 우리 이웃들의 이야기가 더욱 깊이 와닿습니다.

예고 없이 찾아온 염증, 신경질환, 그리고 암. "왜 하필 나일까, 아니면 내 소중한 아이가 왜?" 하는 원망이 밀려올 수밖에 없습니다. 게다가 우리의 일터는 아픈 워킹맘에게 결코 쉬운 곳이 아닙니다.

그럼에도 불구하고, 의연하게 병을 맞서 이겨내고, 때로는 달래 가며 함께 살아가는 씩씩한 동지들의 이야기는 잔잔한 감동을 전해줍니다. "이 책이 아픈 몸과 마음을 안고 살아가는 많은 분께 작은 위로와 용기가 되기를 바랍니다."

- 김종민 (코넬대 의생명과학과 교수)

어머니는 언제나 위대하다. 특히나 커리어우먼으로 사회에서의 역할까지 해내는 그들은 더더욱이나. 이런 이들에게 질병은 가혹한 일이지만, 늘 그랬듯 치열하게 싸워나가는 모습은 감동을 넘어 뭉클함을 안겨준다. 어머니이자 커리어우먼인 이들에게, 한 명의 의사로서 그 어떤 환자들에게보다 존경과 감사의 마음을 표한다.

- 한윤대 (세브란스병원 대장항문외과 교수, 前 암지식정보센터장, 유튜브 '대장장인 Colonsmith' 운영)

대한민국 엄마들은 고단합니다. 아니, 고단할 거라 짐작은 했었지만, 생각보다 훨씬 더 고단합니다. 직장 생활… 출산… 육아… 말 안 듣는 남편… 시월드… 속 썩이는 친정… 이중고에, 삼중고에… 도합 이십 중고 쯤….

아프지만 아플 수 없는… 아니 아파서는 아니 되는… 포기하고 싶지만 포기할 수 없는… 아니 포기해서는 안 되는… 대한민국 엄마로 산다는 것의 고단함을 실감 나게 느낄 수 있습니다.

이 책은 수많은 직장맘, 워킹맘들이 공감할 수 있는 이야기들이며, 직장맘, 워킹맘들을 이해하고 있다고 자부하는 대한민국 남성들의 필독서이기도 합니다.

- **허준석**(영화 <타워>, <행복의 나라> 시나리오 작가)

삶은 종종 예고 없이 아프다. 이 책은 질병 하나쯤 안고 살아가는 워킹맘들의 솔직한 기록이다. 그러나 결코 눈물로 얼룩진 신파가 아니다. 대신 재치 있고 현실감 넘치는 문장으로 "우리 다 이렇게 살아간다."는 따뜻한 공감을 전한다. 지치고 아픈 몸을 이끌고도 일하고, 사랑하고, 하루를 꾸려가는 엄마들의 이야기는 유쾌하면서도 뭉클하다. 읽다 보면 나도 모르게 고개를 끄덕이고, 가끔은 피식 웃으며, 마지막 장을 덮을 땐 왠지 모르게 용기가 난다. 오늘도, 그리고 내일도, 뚜벅뚜벅 걸어갈 모든 이들에게 이 책을 권한다. 그래, 까짓거 반려질병쯤이야!

- **이지행**(『B급 광고인문학』 작가, 광고회사 '펀치' 대표)

프롤로그

아프냐? 나도 아프다

 집과 회사를 오가며 워킹맘으로 치열하게 살든, 나 자신은 잊어버리고 주부의 역할에 치여 지내든, 똑같이 내 몸 챙기기 쉽지 않은 시간을 통과한 엄마들은 어느새 중년이 되었다는 사실에 우울하다. 세상 튼튼한 줄 알았던 몸은 급속히 무너지고, 건강검진 결과지에는 신경 써야 할 내용이 추가되고, 반갑지 않은 노화의 흔적과 원인을 알 수 없는 생소한 통증들도 찾아온다. 사회에서 내 자리 지키려고 부단히 노력했는데, 아이 키우느라 나라는 존재는 다 없어져 버렸는데, 어느 날 문득 돌아보니 커리어나 아이뿐 아니라 몸에 병도 같이 키우고 있었다.

이 책의 저자들은 다양한 분야에서 나름의 자리를 잡고 있지만 끊임없이 자아를 찾으며 성장을 꿈꾸는 열정 넘치는 '40~50대 청년' 아줌마들이다. 마음만큼은 자기계발서의 주인공들처럼 의욕이 넘치지만, 정작 우리 몸은 노화와 질병으로 힘들다. 열심히 달려왔지만, 이제는 나이 들고 지친 몸과 마음을 마주해야 하는 우리는 서로의 우울과 고통을 나누다가 결심했다.

우리 이야기를 책으로 써보자!

워킹맘으로 정신없이 사회생활을 하다가 병을 얻고서야 강제로 휴식을 취할 수 있게 된 그녀, 잘 나가는 시기에 갑자기 암에 걸려 상상해 본 적도 없는 투병 생활을 한 그녀, 자식을 위해 신장을 공여하며 기꺼이 아픔을 선택한 그녀, 어릴 때부터 지긋지긋하기만 한 만성 질환에 시달리는 그녀, 외국계 광고회사 임원, 명품브랜드 임원, 건실한 사업가로 화려한 인생을 꾸려가던 그녀들도 병과 노화, 통증 앞에서는 그저 '너도 아프고, 나도 아픈' 평범한 마흔 앓이 중년일 뿐이다.

2030 세대의 불안한 멘탈을 달래 주는 에세이나 50대 이상의 시니어 세대가 인생의 혜안을 나누는 이야기는 기존 출판시장에서 많이 다루었지만, 청년도 노년도 아닌 중년의 현실적 이야기를 다룬 이도 있었으면 하는 바람에서 의기투합했다.

모두가 열심히 사는 나라 대한민국에서 치열하게 버틴 워킹맘들, 또는 전업주부들, 하루하루 애쓰며 살아가고 있는 이들에게 당신만 힘든 게 아니라고, 혼자가 아니라고. 이제는 우리 함께 자신을 소중히 하며 건강 챙기고 살아보자고. 우리가 글을 쓰며 아픔을 치유한 것처럼 이 책을 읽으며 위로받고 새로운 인생을 살아볼 힘을 얻어 보자고. 저자들은 때로는 조곤조곤 때로는 유쾌 상쾌하게 독자들에게 속삭인다.

아프다고 푸념하지 않고, 노화로 인한 불편과 만성 질환으로 인한 통증을 창작욕으로 승화시켜 책 쓰기에 도전한 그녀들을 보며 비슷한 시기를 지나고 있는 독자들이 위로와 용기를 얻기를 바란다.

목차

추천사 005
프롤로그 아프냐? 나도 아프다 010

Part 1 ———

왜 아플때 아프다 말을 못 하니

병명을 말하는 순간, 내가 자랐다 – **질염** 017
통증에도 매뉴얼이 있었으면 좋겠어 – **급성 임파선염 외** 032
누구냐 넌? 이름 찾아 삼만리 – **삼차신경통** 047
다시, 봄(Spring) – **신장 이식** 077

Part 2

열심히 일한 게 죄는 아니잖아?

쎈 언니도 아프다 – **대상포진** 095
아프지만 오늘도 멋 부리고 놀러갑니다 – **직장암** 113
딱히 이상이 있는 건 아닙니다만 – **만성 염증의 시작, 출산** 142
일하고, 아프고, 살아간다(Work, Hurt, Live) – **난소암** 162

Part 3

만성질병과 살아갑니다

지옥행 급행 버스 – **과민성 대장 증후군** 187
평생 골골대는 사람, 그게 바로 나예요 – **비염 · 허리디스크** 207
우아한 할머니가 되고 싶어 – **노화** 223

에필로그 적당히 씩씩하게 살아갑니다 247

Part 1

왜 아픈데 아프다
말을 못 하니

병명을 말하는 순간, 내가 자랐다

질염

몰디브

처음에는 단순한 가려움이었다. 하지만 점점 심해졌고, 어느새 화장실에서 몰래 긁고 있는 나를 발견했다. 생리도 아닌데 속옷이 축축하게 젖었고, 분비물 냄새도 이상했다. 한밤중에 가려움을 못 이겨 나도 모르게 벅벅 긁기도 하고, 사무실 책상에 앉아 있다 '그곳을 긁기 위해' 화장실에 가서 손을 씻고 긁고 오기도 했다. 하루의 절반 이상을 외근 혹은 내근으로 꽉 채워 보내고, 퇴근하자마자 따뜻하다 못해 뜨거울 정도의 물로 씻어봤지만 소용없었다. 깨끗한 속옷으로 갈아입어도 무용지물이었다.

   가려움은 계속되었고, 분비물은 의학적 지식이 없는 내 눈에도 뭔가 잘못되고 있음을 느낄 수 있을 정도로 이상해졌다. 내 몸에서 나는 냄새라고 받아들이고 싶지 않았다. 분비물은 액체도 고체도 아닌 어중간한 상태였다. 가려움보다 더 큰 문제가 있다는 것을 깨달았다. 낯선 불편함이 몸 안팎으로 계속되었다.

반차신청서를 위한 시나리오

   그래, 병원에 가보자. 자연 치유의 대상이 아님을 인정하고, 다음날 병원에 가기로 마음먹었다. 집 근처 산부인과를 검색해 보니 9시 이후에 문을 연단다. 회사 출근이 9시라 병원 갔다가 출근하면 시간이 안 맞는데, 그렇다고 갑자기 반차를 쓰자니 반차 사유를 어떻게 낼지 당최 생각이 떠오르질 않았다. 머리를 열심히 굴렸다. 더 이상 병원 방문을 미룰 수 없는 상황임은 너무 잘 알겠고, 어떻게든 병원을 가야 한다. 시나리오를 몇 개 생각해 보자.

- 1번 시나리오: 부장님, 제가 요즘 거기가 간지럽고 분비물이 좀 나와서 산부인과에 다녀오겠습니다.

 까마득한 남자 부장님에게 나의 거기 사정을 설명하고 무려 '산부인과'에 다녀오겠다고 말하려니 엄두가 나지 않았다. 비교적 점잖은 아저씨 부장님이셨지만 유난히 골초였던지라, 흡연 부스에서 아재들과 모여 나의 급 반차 사유를 입에 올리지 않을까, 개중 남 말하기 좋아하는 이가 나의 산부인과 방문에 대해 왈가왈부하며 남녀상열지사 부류의 루머를 양산하지 않을까? 별별 생각이 다 들었다. 시나리오 1은 안 되겠다.

- 2번 시나리오: 부장님, 저 급히 병원에 좀 들렀다 출근하겠습니다. 갑자기 말씀드려 죄송합니다. 출근해서 반차 신청서 제출하겠습니다.

 부장님은 남의 말하기 좋아하는 이는 아니지만 그렇다고 남말을 아예 안하는 분은 아니셨다. 연차 신청서 제출할 때면 어디 가냐, 놀러 가냐, 친구들이랑 가냐, 나도 거기 가봤다, 거기 매표소 끼고 왼쪽길로 가면 파전이 맛있는 비빔밥집이 있다는 식의 이야기를 즐기시는 분이라 나의 병원행에 대해서도 물을 것이 뻔했다. 병원 들렀다 출근하고 허겁지겁 반차 신청서를 제출하자마자 "왜? 갑자기 어디가 안 좋아? 말짱하게 생겼는데 어디가 아픈 거야? 무슨 병원 갔는데?" 쏟아내실 모습이 떠올랐다. 나는 적당히 얼버무릴 줄 모르던 사회초년생이었고, 부장님도 적당히 질문을 그칠 줄 모르시는 분이셨다. 시나리오 2도 안되겠다.

결국 반차 쓰고 우아하고 여유롭게 병원 가는 것을 포기하고, 일단 출근하기로 했다. 점심시간에 병원을 다녀오기로 했다. 대기가 길거나 회사 근처 산부인과 점심시간이 나의 점심시간과 어긋나면 허탕 치겠지만 딱히 떠오르는 시나리오가 없었다. 그곳의 가려움을 품고, 출근길에 나섰다. 오전 내내 찝찝하고 가려운 마음을 가다듬으며 업무를 쳐내고 점심시간이 되었다. 나는 강남 어느 번화가에 위치한 사무실에서 사회 생활을 시작했다. 지금도 그렇듯 그때 당시에도 강남 오피스가에는 성형외과, 치과, 피부과는 많으나 산부인과는 드물어 점심시간에 한참을 걸어가서 진료를 보고 왔다. 내가 소속한 부서는 다 같이 점심을 먹는 분위기였는데, 무리 지어 식사 메뉴를 정하며 사무실을 나서는 중 조용히 "저는 병원 갔다가 간단하게 먹고 들어올게요."라고 말하는 순간, 어디가 아프냐는 질문을 되받았다. '아, 이건 생각 못 했는데' 준비한 시나리오가 없어서 어버버버 했던 기억이 남아 있다. 50대 남자 부장을 비롯한 동료들에게 "아래가 가려워서 산부인과 좀 다녀오려구요."라고는 그때도 지금도 말 못 할 일이다.

다행히 산부인과 대기는 길지 않았다. 접수를 하고 증상을 간단하게 설명하고 진료실에 들어갔다. 좀 더 자세하게 증상을 말했다.

"최근 들어 분비물이 나와서 팬티라이너를 하고 지내요. 상한 요구르트 찌꺼기 비슷하게 생겼고 기분 나쁜 냄새가 좀 나구요. 음, 아마도 일주일 좀 넘은 것 같아요. 가려워서 저도 모르게 긁는 경우도 있어요."

산부인과 선생님은 바이러스성 질염인 것 같으니 검사

를 해보자고 하셨고, 바이러스 검사를 위해 검체를 채취했다. 낯선 구조의 산부인과 진료실 의자에 앉아 바이러스 검체 채취를 했고 소독도 했다. 여러 도구들이 나의 몸 안팎을 드나드는 것이 느껴졌다. 딱히 나쁠 것은 아니지만 그렇다고 유쾌한 느낌은 아니었다. 정확한 검사 결과가 나오기 전에 항생제 등이 포함된 약의 처방전을 받아서 약을 받아왔다. 약 두세 알을 몇 번 먹었더니 질염은 금방 괜찮아졌다. 며칠 뒤 병원에서 연락이 왔고, 특별한 바이러스는 나오지 않았다며 증상이 또 있으면 내원해달라는 말을 듣고 전화를 끊었다. 며칠 밤낮을 가려움증과 분비물로 낑낑거렸는데 약 몇 번과 소독 한 번에 이렇게 좋아지다니, 그리고 별것이 안 나왔다니. 이렇게 간단한 것인데 왜 모르고 미뤘나 싶었다. 어쨌든 별일 아니라니, 나도 별일 아닌 듯 잊기로 했다.

  그 이후로도 몇 번 비슷한 상황이 있었다. 분비물이 나오고, 그 분비물은 냄새가 별로였다. 식초를 부어둔 밀가루 반죽이 발효된 냄새 같기도 하고, 요구르트 빈 병 바닥에 남은 찌꺼기 같았다. 그곳이 가려워서 사타구니를 벅벅 긁기도 했다. 외근이 잦았던 업무 특성상 외근지 근처에서 식사 시간이나 이동 동선에 맞춰 들를 산부인과를 찾아서 길을 나서기도 하고, 그렇게 찾아갔으나 대기가 길어서 진료를 못 보고 불편한 상태로 하루를 넘기기도 했다. 산부인과를 들르지 못한 상황일 때는 급한 대로 편의점이나 드럭스토어에 들러 팬티라이너나 속옷을 사서 응급처치를 하곤 했다.

병원 영수증으로 퍼즐 맞추기

그렇게 몇 번 산부인과를 드나들던 중 어느 의사 선생님이 말씀하셨다.

"특별한 원인이나 감염이 되어서 그런 것은 아닌 것 같고, 컨디션이 안 좋을 때 몸에서 가장 약한 부분에 염증 증상 같은 것이 있을 수 있어요. 환자분은 그게 질염이나 외음부 가려움 등으로 오는 것 같습니다."

아, 그럴 수 있구나! 왜 그 생각을 못 했지? 그동안 나는 몸속에서 일어나는 일의 원인이 내 몸에 있다고 생각하지 못했다. 외음부를 자극하는 옷이나 마찰이 문제가 될 것으로 생각했다. 그래서 순한 소재의 속옷을 입고 넉넉한 핏의 하의를 입으며 분비물을 달래 보려 했으나 효과가 없었다.

질염의 원인을 외부에서만 찾고 있었다.

  그날 집에 와서 병원 영수증을 펼쳐 놓았다. 날짜를 보니, 마감 시기와 정확히 겹쳤다. 상사의 출장으로 업무량이 갑자기 늘었던 시기, 처음 써보는 템플릿의 보고서를 작성하던 시기, 잦은 출장으로 잠을 줄여가며 업무를 병행하던 시기, 회사 일정과 개인 일정이 꼬이고 이어지던 시기…. 그 즈음과 내가 산부인과에 방문한 것이 어느 정도 상관관계가 있음을 알게 되었다. 회사 업무든 사적인 생활이든 나의 몸과 마음에 과부하가 생길 때 질염도 존재를 드러냈다. 그러고 보니 친구 중에 감기나 몸살 시작할 때 대부분 편도가 붓는다는 이가 떠올랐다. 무리하면 늘 허리가 먼저 아프다는 지인이나 운동을 평소보다 많이 하면 어떤 운동이든 무릎이 유난히 아파서 며칠은 쉬어야 한다는 선배의 말도 떠올랐다. 컨디션이 안 좋을 때 편도, 허리, 무릎이 먼저 아팠다던 그들의 경우처럼 나는 질 혹은 외음부가 그랬던 것이 아닐까. 누가 나에게 그게 정답이라고 확답을 해주지는 않았지만 나의 최근 몇 년을 반추해 보면 얼추 맞았다.

그곳의 가려움으로 시작한 나의 시간 더듬기는 고등학교 시절까지 거슬러 올라갔다. 고등학교 시절에도 비슷한 경험이 있었다. 생리 시즌이 아닌데도 아래가 가렵고 속옷이 지저분해지는 경우가 잦았다. 학교와 집이 아주 가까운 편이라 석식 시간에 선생님께 외출증을 받아서 집에 가서 씻고 속옷을 갈아입고 온 적이 몇 번 있을 정도로 증상은 심했던 것 같다. 그런데 그때는 질염인 줄 모르고, 그저 분비물이 좀 있다고 생각하고 씻고 속옷을 갈아입는 것으로 상황을 넘겼다. 석식 시간을 활용하여 집에 와서 씻고 속옷을 갈아입고 가는 딸을 보면서, 엄마는 뭔가 이상하다고 생각했을 텐데 그것이 질염이라고는 생각 못 하셨던 것 같다. 나를 향한 엄마의 관심이 부족해서 그런 것은 아니었다. 산부인과 질환에 대해서는 쉬쉬하던 시절을 지낸 엄마였기에 그런 부분에 대해서는 민감하게 반응하지 못 하셨던 것 같다. 성감수성이란 말도 없던 시절인데다 배 속에서 누가 송곳을 들고 갈퀴질을 하는 것 같은 생리통이나 두꺼운 생리대에 맞닿은 외음부가 짓무르는 것들은 참고 견뎌야 하는 것으로 생각했던 시절이었다. 엄마의 그런 반응은 당연하고 무던한 것이었다.

내 몸이 들려주는 이야기 혹은 협박

아이 둘을 출산하고 초보 학부모가 된 지금도 습관적 질염 증상은 늘 곁에 머무르고 있다. 남편이 해외 출장이나 야근 등으로 업무가 바빠서 아이들 케어나 살림을 내가 더 많이 해야 할 때, 체력적으로 그렇게 힘들지 않다고 생각하는데 속옷에 묻어나오는 분비물을 통해 경고 시그널을 받기도 한다. 생활의 노동에 대해서는 역치가 제법 상승해서 견딜 만하다고 생각하는데 몸에서는 그게 아니라고 알려준다. 샤워하러 화장실에 들어가서 속옷을 벗고 알아차릴 때도 있는데, 그런 날은 씻고 나오면서 가족들에게 나긋하지만 당당하게 외친다. "엄마 오늘은 먼저 잘게. 알아서 정리하고 자자." 좀 쉬어야 한다는 내 몸의 시그널을 받아들이고, 더 심해질 수 있다는 협박에 항복하는 행동이다. 몇 번, 몇 년의 경험으로 알게 된 것은 나의 질염은 감기몸살과 제법 닮았다는 것이다. 감기 기운이 스멀스멀 올라올 때 하던 일을 멈추고 따뜻한 밥과 국을 배부르게 먹고 고함량 비타민이나 종합감기약을 털어먹은 후 이불을 뒤집어쓴 채 자고 일어나면 제법 괜찮아지는 그런 초기 감기몸살 대응책과 닮았다. 감기몸살 기운이 올라올 때 그것을 외면하고 하던 일을 계속하고 몸을 피곤하게 하면 으슬으슬하던 기운을 넘어서 콧물, 눈물, 기침, 열, 오한이 함께 내 몸을 두드려 패곤 한다. 질염이 몇 달 만에 내게 말을 걸어오면, 반가운 마음으로 항복하며 하던 일을 멈추고 휴업 혹은 파업에 돌입해야 한다. 그렇게 해야 가장 빠른 시간 안에 일상으로 복귀할 수 있다. 초경 이후 내 몸에 내려앉은 질염, 그 존재를 인지하고 받아들인 이후로 병의 증상과 예후, 치료 주기에 대해 자연스레 체득했다.

혹은 잘 먹고 잘 자고 잘 지내는데 갑자기 외음부가 가렵거나 속옷에 무언가가 왈칵하기도 하는데, 그때는 나의 노트북에 그 원인이 담겨 있다. 어려운 숙제를 담은 보고서나 기획안 등을 수행할 때 받는 스트레스로 인해 몸이 반응한다. 내가 미처 알아채지 못하는 몸과 마음의 과부하를 나의 질과 외음부가 부르짖으며 알려준다. 그럼 나는 짜증 반, 고마움 반의 마음을 담아 깨끗하게 씻고 팬티라이너를 붙인 팬티를 입는다. 그리고 액상과당이나 밀가루를 최소화한 식단을 유지하고 최대한 몸에 나쁜 것을 덜 들이부으려 한다. 당장 해야 할 일들을 내팽개칠 수는 없으니 살살 달래 본다. 그렇게 넘어가는 경우도 있고, 그렇지 않은 경우는 사둔 질정을 넣어서 하루이틀 정도는 버텨본다. 이제 그 정도는 알아서 할 수 있다. 그래도 안 되면 산부인과로 가서 언제부터 이런 증상이 있었는지, 최근에 어떤 일로 어느 정도의 스트레스 혹은 과부하가 있었는지 등을 설명하고 약을 받아온다.

비릿한 냄새와 가래 같은 질감의 기분 나쁜 분비물이 아니라 질염으로 인지하는 것은 언제라도 일어났을 일이다. 이렇게 자주 재발하는데 어떻게 모르고 지냈을까. 하지만 이것이 어떤 외부 요인이나 특정 바이러스 때문이라고 받아들이지 않고 내 몸과 마음이 피곤할 때 따라오는 꼬리표 같은 것으로 받아들이게 된 것은 내게 제법 큰 변화였다. 내 몸에서 가장 약한 곳이 바로 그곳이었다. 이제는 질염이 보내는 신호를 받아들이고, 생활 습관을 조절하기 시작했다.

그렇지만 아직은 내 몸속의 홍길동

20년 가까이 질염과 함께하며 소녀에서 아가씨가 되고, 아줌마가 되었다. 그리고 그동안 단순히 나이만 먹은 것이 아니라, 그 병을 받아들이는 태도도 바뀌었다. 예전엔 부끄러움과 망설임 속에서 질염을 숨기려 애썼지만, 이제는 그것이 내 몸의 일부이며 특별히 잘못한 일이 아니라는 것을 안다. 이제 남편에게 "질염 또 도졌나 봐, 너무 불편해!"라고 스스럼없이 말한다. 약국에서도 "아래가 좀 가려워서요."라고 머뭇거리지 않는다.

내 몸의 일부인데, 내가 잘못한 것도 아닌데 왜 숨겨야 할까? 이제는 당당하게 말한다. "질염인지 분비물이 좀 나와요. 외음부가 가렵고 부은 것 같아요. 약 좀 주실 수 있을까요?" 예전에는 "아래가 좀 가려워서…"라고 돌려 말했지만, 이제는 눈치 보지 않고 정확한 단어를 사용한다. 약사와 불필요한 눈치게임을 하지 않게 된 것이다. 10년 동안은 쭈구리처럼 설명했다면, 이제는 담백하게 이야기한다. 질염은 내 몸에서 약한 부분일 뿐, 섹슈얼한 이슈도, 부끄러워해야 할 일도 아니다.

그렇다고 모든 사람에게 '질염'이나 '외음부'라는 단어를 거리낌 없이 말하는 것은 아니다. 자주 만나지 않는 사람들에게는 여전히 내외한다. 가벼운 몸살이라고 둘러대거나 생리 중이라고 얼버무릴 때도 있다. '질염이 뭐가 어때서?'라고 생각하면서도, 사회생활에서는 조심스럽다. 아이 친구 엄마나 일로 만난 사람에게 이런 이야기를 꺼내는 것은 아직 어색하다. 이럴 때면 질염이 내 몸 안의 '홍길동' 같다고 느껴진다. 내 삶의 일부이지만, 필요할 때만 조심스럽게 드러나는 존재. 사회생활을 하다 보면 여전히 가려 말하거나 선뜻 말하지 못할 때는 나의 반려질병이 홍길동과 닮았다는 생각이 든다.

하지만 편한 사람들과 이야기할 때는 달라졌다. 예전에는 병원에서도, 약국에서도 쉽게 말하지 못했지만, 이제는 다르다. 나 혼자 변한 것이 아니다. 수백 년, 수천 년 동안 여성들이 연대하며 목소리를 내왔고, 그 힘이 세상을 바꿨다. 여성의 몸에 대한 이야기가 더는 금기시되지 않도록, 많은 이들이 앞서 싸워 주었다. 덕분에 나도 변화할 수 있었다. 병원에서 증상을 정확히 설명하고, 약국에서 필요한 약을 당당히 찾고, 지인들과 고민을 나누는 것이 점점 더 자연스러워지고 있다.

여전히 내 몸의 홍길동 같은 존재, 질염. 하지만 이제는 예전처럼 숨기지만은 않는다. 계절이 바뀌듯 찾아오고, 나는 예전보다 더 쉽게 받아들인다. 누군가 같은 고민을 털어놓는다면 나도 주저 없이 말할 것이다.

"질염, 나도 겪어봤어요."

머지않아 내게도 완경이 올 것이다. 그때 질염은 또 어떤 모습으로 변할까. 얼마나 자주 찾아올까. 아직 알 수 없지만, 기다려 보기로 한다. 그리고, 담담하고 무던하게 반겨주기로 한다.

통증에도 매뉴얼이 있었으면 좋겠어

급성 임파선염 외

이정화

예고 없는 통증

늘어지는 낮잠 중 번개를 맞은듯 번쩍 눈이 떠졌다. 갑자기 왼쪽 옆구리 쪽에서 격렬한 근육통 같은 것이 느껴졌다. 동생 일을 도와주러 다닌 지 한 달여가 조금 넘은 뒤였다.

나이 차이가 많이 나는 동생이 이십 대 초반일 무렵 난 이미 결혼해서 아이를 낳았다. 원래 막달까지 일을 할 예정이었지만 거의 아무것도 못 먹을 정도의 심한 입덧은 분당에서 상암이라는 극악의 장거리 출퇴근 코스까지 버텨낸 나마저도 결국 두 손 들게 했다. 보통 두어 달이면 진정된다는 입덧은 도무지 나아지지 않았다. 당시 나는 회사에서 새로운 사업 분야를 전략적으로 이끌어야 하는 상황이었지만, 끝날 기약조차 보이지 않는 입덧 때문에 결국 퇴사를 결정했다. 계획에 없던 긴 실업 기간은 '경력 단절'이라는 불안으로 다가왔고, 출산을 앞둔 나는 그 두려움에 밀려 아이가 태어나기도 전에 출산 3개월 뒤 입사를 덜컥 약속해 버렸다.

당시 내가 일하고 있던 광고 대행 분야는 너무나도 많은 일들이 초 단위로 진행되고, 특히 그해의 회사 매출에 영향이 큰 대형 비딩(경쟁 PT) 시즌이 되면 밤을 새우는 일도 비일비재했다. 심지어 출산 후 입사한 회사는 사업 방향 설정부터 내 몫이었다. 남편 역시 사업에 바빴던 터라 결국 태어난 지 겨우 3달, 여전히 너무 어린 아이를 친정집에 맡기게 되었다. 친정과 집이 멀어 주말에만 아이를 보러 갈 수밖에 없는 상황이다 보니, 육아는 자연스레 엄마와 갓 이십 대가 된 어린 동생의 몫이 되었다.

육아, 그 끝나지 않는

오래전 다친 다리가 불편한 엄마가 혼자서 아이를 계속 보는 건 어려웠기에, 자연스레 동생도 육아에 참여했다. 때문에 동생은 20대 초반 어린 나이에도 혼자서 아이를 훌쩍 업어 내는 기술이 나보다 좋았고, 예방접종을 하러 함께 병원에 가면 아이가 생후 몇 개월인지 묻는 질문에 버벅거리는 나보다 빠르게 답을 할 수 있었다. 그렇게 동생이 엄마를 도와 아이를 업고 나간 날이면, 버스나 길에서 마주치는 어르신들은 측은한 눈길과 함께 '아이고, 아직 어려 보이는데 어쩌다…'라거나 '어린 새댁이 힘들겠네.' 등 위로의 말들을 해줬다고 한다. 이런 주말 가족 생활은 아이가 24개월이 될 때까지 이어졌고, 아이를 데려온 이후로도 워킹맘의 삶은 녹록지 않았다.

시간이 흘러 동생 역시 아이 둘을 낳고 기르다 오래전 내가 그랬듯 더 늦기 전에 일을 다시 해야겠다며 쌀 디저트 공방을 창업했다. 그때의 부채감으로 나는 동생이 바쁜 시기에는 손을 보태러 왕복 3시간여 거리의 공방을 오가게 되었다. 출퇴근 조절이 가능한 작은 회사를 꽤 오래 운영해 오고 있었기에 가능한 일이었다. 세월이 흘러도 워킹맘은 여전히 일과 육아 사이 아슬아슬한 외줄을 타고 있었고, 할머니의 손주 양육 지원 또한 변함없이 이어지고 있었다.

이쯤이면 괜찮아지겠지?

동생의 가게를 다녀오면 평생 사무직만 하던 내가 안 쓰던 근육을 써서인지, 아니면 이제 슬슬 몸이 고장 나기 시작한다는 불혹을 훌쩍 넘어서인지 간혹 근육통이 오곤 했었다.

하지만 그날의 통증은 조금 달랐다. 평소 좌측으로 모로 누워 잠을 자는 습관이 있던 나는 마침 아파진 좌측 옆구리 통증에 '잠을 잘못 잤나? 잘 안 쓰던 몸을 요즘 너무 써서 담이 왔나? 내일이면 괜찮겠지.'라며 대수롭지 않게 넘겼다. 그런데…

어라라?

하루가 지나고 이틀, 사흘이 지나도 옆구리 통증은 도무지 가시질 않고 오히려 통증은 더 커졌다. 옆구리 쪽에 팔이 닿거나 통증 부위를 자극하는 동작을 할 때마다 꽤 불편했다. 손으로 눌러보면 통증이 점점 심해졌고, 급기야는 평소

러닝할 때 자연스럽게 앞뒤로 움직이던 팔동작조차도 거슬릴 만큼 아파졌다. 결국 안 되겠다 싶어 집에 있는 담 결릴 때 먹는 약을 하나 입에 털어 넣었다. 40대 중반 이후로는 자주 근육통이나 담이 결리는 증상이 많아진 남편을 위해 상비약으로 집에 구비해둔 터였다. 약을 삼키며 '나이를 먹는다는 건 상비약 종류가 나이만큼 늘어간다는 뜻이구나' 싶은 쓸쓸한 마음을 뒤로하고, 얼른 약효가 나타나기만을 기다렸다.

약을 먹었으니 괜찮겠지? 보통이면 약 효과가 느껴지는 1시간이 지나고, 2시간을 넘어 반나절이 지난 뒤에도 통증이 전혀 나아지지 않자 슬슬 신경이 쓰이기 시작했다. 통증이 가시지 않으니 그 부위로 계속 온 신경이 몰렸다. 미처 몰랐는데 통증 부위를 자세히 보니 약간 부은 듯하기도 했다. 이리저리 눌러보니 좌측 가슴에서 옆구리로 이어지는 부분이 살짝 부어 있었다. 그곳을 손가락으로 더듬거려보니 작은 멍울 같은 것이 손끝에 느껴졌다.

불안이라는 늪으로의 초대

'어라? 이 부위에 멍울은 안 좋을 텐데….' 갑자기 덜컥 겁이 났다.

1인 기업에 가까운 작은 회사를 오래 운영하면서 외주 인력과 파트너들의 도움을 받긴 했지만, 결국 모든 결정과 책임은 온전히 내 몫이기에 날마다 긴장 속에 바쁘게 업무를 진행하다 보면 건강 관리는 점점 뒷전이 되어버렸다.

'건강검진을 언제 했더라?'

'아, 난 치밀 유선조직이라 6개월에 한 번은 유방초음파를 하라고 했었는데….'

'진짜 안 좋은 거면 어떡하지?'

등의 생각들이 유방암 진단을 받았던 가까운 사람들 얼굴과 함께 꼬리에 꼬리를 물고 떠올랐다.

늦은 밤 시작한 고민은 새벽까지 계속되고 있었다. 이 시간은 하루의 모든 일과를 마무리하고 침대에 누워 세상 가장 평화로움을 느끼는 시간이어야 했다. 퇴근 후 이어지는 집안일까지 모두 마치고 개운하게 씻고 침대에 누워 하루 내 놓친 뉴스나 SNS 등을 보며 꿀맛 같은 여유를 즐기는 그런 시간 말이다.

내가 오랫동안 일해온 분야는 보통 사람들의 통장에서는 좀처럼 만나보기 어려운 꽤 큰 돈이 사용된다. 예산을 산정하여 적합한 매체들에 나누고, 각 매체에 맞는 광고를 기획하고 만들어 고객들에게 잘 보이고 반응하게 하는 일은 매 순간 엄청난 긴장감 속에서의 깊은 고민과 중요한 의사결정의 연속이다. 덕분에 새벽까지 일하고 집에 와도 쉽게 잠이 들지 않고, 머릿속 가득한 일 생각이 도무지 잘 비워지지 않는다. 그래서 매일 자기 전 쉽게 몰입할 수 있는 미드라도 한편 보면서 잠을 청하는 것이 하루를 마무리하는 나만의 오랜 루틴이었다.

갑자기 불안감이 덜컥 밀려왔다. 일주일 뒤면, 오랜만에 모든 엄마들의 로망인 아이 없이 성인들만 떠나는 제주도 여행이 예약되어 있었다. 오랜만에 맞이한 자유로운 여행을 몸이 아파서 포기하거나, 통증 때문에 일정을 망치는 것도 싫었다. 마음이 조급해졌다.

'그래! 일단 내일 무조건 병원부터 가보자! 그런데 병원에 가려면 예약부터 해야 할 텐데…'

'밤이니 네이버 예약이 되는 병원을 찾아야 하나?' 하는 생각과 동시에 '병원은 어느 과로 가지? 근육통 같으니 정형외과? 그런데 근육 이완제가 소용없고, 통증 부위가 가슴 쪽에 가깝고 덩어리 감이 느껴지니 그럼 유방외과?' 꼬리에 꼬리를 무는 연쇄 물음표들에 머리가 너무 복잡해졌다. 옆을 돌아보니 남편은 얄밉게도 누가 업어가도 모르게 자고 있다. 괜한 얄미움에 자세를 바꾸는 척 슬쩍 남편 다리를 툭 쳐본다.

 도저히 안 되겠다 싶어, 나의 전문가적 검색 스킬을 살려 네이버 및 각종 질병 정보가 넘쳐나는 여러 플랫폼에 열심히 증상들을 검색하기 시작했다. 나는 전 세계가 인정하는 정보통신 분야 독보적 1위인 대한민국 IT 1세대. 볼록이 모니터 속 도스 화면에 기계식 키보드로 명령어를 입력하던 시절부터, 전화선 인터넷을 지나 지금의 초고속 인터넷까지 함께해 온 사람이 아닌가? 게다가 '검색'은 내가 오랫동안 일해온 디지털 마케팅 분야의 여러 핵심적 요소 중 하나다. 덕분에 남들보다는 빠르게 필요한 정보를 걸러내고, 불순한 콘텐츠를 가려내는 데 꽤 자신 있었다. 아픈 와중에도 불안감을 잊으려 셀프 칭찬을 하며 검색에 열중했다.

'옆구리 통증' 키워드로 시작해 '가슴 왼쪽 통증과 부음, 부기', '왼쪽 옆구리 가슴 쪽 통증, 멍울' 등등 다양한 검색어를 통해 다양한 정보를 수집하기 시작했다. 여러 차례의 검색 결과 내 증상은 다양한 원인의 염증으로 인한 단순 근육통과 임파선염, 유방암, 지방종까지 다양한 질병에 도달했다.

'아니 그런데! 임파선은 목 쪽이 붓는 거 아니었나?' 생각하며 검색 결과를 뒤져보니 귀와 목 부근, 옆구리(흔히 겨드랑이 부근에서 아래쪽까지), 사타구니 쪽 등 다양한 곳에 임파선이 존재한다는 사실을 알게 되었다. 덕분에 임파선의 위치에 대한 새로운 지식은 업데이트되었으나 역시나 고민은 해결되지 않았다. 만약 임파선염이 맞으면 무리하지 않고 휴식을 좀 취하는 정도로 별다른 치료 없이 치료가 된다고 했다. 통증이 시작된 이후 일상은 이어갔지만, 증상은 나아지지 않았다. 꽤 오랜 시간 불편한 통증이 계속됐고, 결국 일상생활까지 거슬릴 정도가 되었다. 계속 버텨볼 수 있을 것 같았지만, 혹시 다른 의심 질환이 아닐까 하는 마음에 병원을 가기로 마음을 굳혔다.

예상 병명도 좁혀보고 병원에 가기로 했지만, 진료를 받을 곳의 선택지는 너무나 다양했다. 근육염, 근육통이라면 정형외과, 임파선으로 인한 통증과 부종이라면 내과, 지방종 계열이면 외과, 외과는 또 여기서 성형외과, 일반 외과 등으로 나누어지고 유방암이라면 유방외과 혹은 나중을 위한 종합병원 진료까지 고려하면 선택지가 너무나 다양했다.

 일단 시간과 근육 이완제가 효과가 없었으니, 정형외과는 패스. 통증 및 부은 위치나 멍울 위치가 가슴보다는 옆구리에 좀 더 가깝고 유방외과는 당일 예약으로 가도 당일 검사를 못하면 큰 의미가 없을 듯하여 패스. 결국 오래 다니고 있는 내과로 가면 주치의처럼 알아서 다음 단계를 잘 알려주지 않을까 싶었다. 그렇게 버라이어티했던 검색 과정이 무색하게 허망한 결론에 이르렀다. 사실 이 지루한 검색을 더하기에는 이미 새벽 시간이 한참 지나 지치기도 했고 다음날 출근에 영향을 줄 것 같았다.

병원, 그 멀고도 가까운

다음날, 눈을 뜨자마자 긴장된 마음으로 병원으로 향했다. 진료실에 들어서 증상의 출현과 일간의 셀프 일반약 투약 상황들을 모두 이야기했다. 의사 선생님은 다양한 문진 및 촉진을 거쳐 일단은 '급성 임파선염'이 가장 의심이 된다며 우선 약을 먹어보자 했다. 증상이 나아지지 않는다면 이전에 '급성 갑상선기능저하증' 이력이 있으니 갑상선 초음파 및 피검사를 해본 후 다시 치료를 해보면 된다고 했다. 혹시 그런 후에도 나아지지 않으면 유방 쪽 체크도 필요할 거라는 진료 계획을 전해주었다.

그렇다. 10여 년 전 육아와 회사 생활을 병행하느라 아이를 위해 결국 평일에는 엄마까지 함께 모여 살게 되었다. 서로 다르게 살아왔던 성인 세 명이 아이 한 명을 위해 함께 지내는 것은 힘이 되기도 했지만 동시에 하루하루가 위태롭게 외줄을 타는 것 같았다. 여기에 복잡한 회사 상황이 더해져, 결국 내 몸에서 오는 각종 오류 신호를 무시한 채 꾸역꾸역 버티며 살았다. 결국 나는 건강검진에서 몇 가지의 추적 관찰 증상과 함께 '갑상선 기능저하증' 진단을 받고 약을 먹기 시작했었다. 다행히도 6개월 정도 약 복용 후 급성이었던 것 같다는 진단과 함께 약을 끊었지만 이후에도 몇 가지 신경 쓰이는 정기적인 추적 검사와 피로와 스트레스가 쌓일 때마다 한 번씩 갑상선 검사를 받아야 했다. 그런 병력이 이번 병원 방문의 여러 이유 중 하나이기도 했다.

결국 항생제를 비롯한 일주일 치 약을 처방 받아 집으로 돌아왔다. 다행히 며칠 치 약을 다 먹고 하루쯤 지나자, 통증이 조금씩 가시기 시작했고 몇 주간 끈질기게 나를 괴롭혔던 그 모든 증상은 말끔히 나아 있었다.

이 과정을 겪으며 '아이고, 큰 병이 아니니 다행이네!' 하며 안도의 한숨을 쉬면서도, 겨우 옆구리 통증 하나로 증상이 나타난 뒤 자연히 나아지길 기다렸던 일주일, 다시 병원에서 진단받고 약을 먹으며 증상이 가라앉은 또 다른 일주일, 그렇게 보름 가까운 시간 동안 불편함에서 불안으로, 그리고 다시 안도로 이어지는 참 다양한 감정을 겪었다.

우리 모두 그랬다

이전에는 각종 포털이나 커뮤니티에 올라온 수많은 아픈 증상을 올리고 답을 구하는 사람들의 글을 보며 '아픈데 그냥 병원에 가지 않고 왜 이런데 물어보지? 답답하네.'라고 생각했었다. 내가 건방졌다. 사람은 누구나 아프고 그 아픔의 정도와 원인은 모두 제각각 다르다. 심지어 원인을 모르는 일도 다반사이다. 아플 때의 우리는 한없이 불안하고 약하기에 병원을 가지 않기 위해서가 아니라 불안감을 다스리고 스스로를 위로하기 위해 혹은 더욱 빠른 진단에 도달하기 위해 자기의 증상을 공유하기도 하고 다른 사람의 사례를 궁금해하기도 하는 것이었다.

생각해 보니 최근 들어서는 확실히 병원을 자주 찾게 된 것 같다. 이전에 비해 몸의 불편한 곳이 늘어나고 이전에는 잘 걸리지 않았던 여러 자잘한 병들에 걸렸기 때문이다.

갑작스러운 이런 불편한 손님들 외에도 평생 나를 괴롭혀 왔던 알레르기성 비염이 있다. 어릴 때부터 먼지가 많은 곳에 가거나, 환절기만 되면 어김없이 찾아와, 잦은 비강 내 점막 터짐으로 코 안쪽에서 바깥쪽까지 여러 개의 흉터를 훈장처럼 남겨 놓았다. 증상이 심해지는 시기에는 콧물과 재채기를 넘어 눈이 가렵거나 흰자위가 부풀어 오르기도 했다. 어느 날부터는 평범하게 복용했던 소염진통제 일부 성분에도 알레르기 반응이 나타나기 시작하는 등 이런 불편한 증상들이 확대되어 감에 따라 병원에 가는 횟수가 많아졌다. 어떤 증상들은 막상 병원에 가면 완치라는 게 불가능한 '노화'라는 허망한 한 단어로 진단이 되기도 했다.

'아… 이렇게 슬슬 늙어가는구나. 서글프다.'

아마도 앞으로 내내, 적어도 이전보다는 더 자주 불편하거나 아플 날이 많을 것이다. 옆구리 통증처럼 사소하지만, 신경 쓰이는 혹은 진짜 큰 병일지도 모르는 다양한 증상들도 마주하게 될 것이다. 어쩌겠나, 정해진 수명에 다다라 나타나는 '노화'라는 것도, 이제는 조금씩 기능이 떨어져 가는 신체 때문에 이전보다 더 자주, 더 다양하게 마주하게 될 불편한 통증이나 질병들도, 결국 내가 열심히 잘 버티고 살아내 왔다는 증거가 아닐까?

그러니 아프면 너무 서글퍼 하지도 말고, 미리 걱정하지도 말고, 그동안 잘 버텨온 나를 먼저 칭찬해 주고, 고민 말고 병원으로 가자.

 사십 중반쯤이 지나면 누구나 '반려질병' 따위 하나쯤 다 가지고 사는 거 아닌가?

 라며 허허 웃으면서 말이다.

누구냐 넌?
이름 찾아 삼만리

삼차신경통

> 노마드맘

통증이 멈췄다. 웃어야 할지 울어야 할지. 지난 5년간 절교를 희망했건만, 들은 척 만 척하던 내 친구 통증이었다. 턱관절 통증과 이별을 고하고자 찾은 치과에서 난데없이 매복 사랑니의 존재를 알게 되었다. 그날의 나는 발치를 하면 지긋지긋 괴롭히던 통증이 말끔히 사라질 것이란 희망을 붙잡았다. 의사 선생님께서 먼저 뽑자고 권유하기도 전에 적극적으로 발치를 요청했다. 사랑니를 뽑던 날, 이가 먼저 빠질지 턱이 먼저 빠질지 모르겠는 험난한 과정을 거친 끝에 사랑니가 빠졌고, 통증이 멈추길 바랐던 희망이 기적처럼 이루어졌다. 다만 새로운 친구를 데려왔다. 사랑니를 뽑은 지 며칠이 지나도 마취가 풀리지 않는 것이 이상했다. 아랫입술과 왼쪽 아래턱에 생긴 둔턱한 낯선 느낌의 이름을 알아내기 위해 밤새 뒤척이며 정체를 확인하다 끝내 '하치조신경 손상(下齒槽神經 損傷)'임을 알아냈고 그 증상은 다음과 같다. '매복 사랑니를 발치하다 사랑니 인근을 지나는 신경을 건드리면 턱, 아랫입술이 마비될 수 있다. 영구 손상이 될 수 있거나 회복이 되더라도 약 1년이 걸린다.' 매복 사랑니를 발치한 지 두 달이 지난 시점, 여전히 아랫입술과 턱에 감각이 없었다. 아랫입술에 감각이 돌아오면 다시 턱의 통증이 시작될까? 반신반의하며 신경 손상 회복에 도움이 된다는 비타민 B12를 한 알씩 복용했다. 감각이 되살아나도 통증이 없는 정상적인 일상을 기대하며 또다시 희망을 붙잡았다.

통증의 시작

찌릿찌릿. 왼쪽 귀밑 턱에 전기가 흐르는 듯한 통증이 왔다 사라졌다. 뭐지? 이 생소한 느낌은? 마흔이 다가오는 가을이었다. 며칠 동안 반복되던 미세한 통증은 점점 심해져 밥 먹을 때, 양치할 때, 말할 때 뺨에 번개 치듯 강한 자극이 왔다 사라졌다. 일과 육아 그 어느 쪽도 만족스럽게 해내지 못한다는 좌절감을 느끼던 무렵이었다. 완벽함을 추구하던 워킹맘의 변화무쌍하고 다이나믹한 감정은 우주 전체를 떠도는 지경이 되었다. 그렇게 시작되었을까? 꾹꾹 눌러 놓은 감정의 응어리는 발산되지 못한 채 통증이 되어 몸 구석구석을 탐색하다 어디가 좋을까 궁리한 끝에 마침내 턱에 자리 잡았나 보다. 턱에 문제가 생겼으니 가장 먼저 치과를 찾았다. 이런저런 증상을 묻더니 턱관절 보호를 위해 끼우는 교정 장치인 스플린트 착용을 권유했다. 이갈이, 턱에 강한 자극, 스트레스 등을 원인으로 추측했다. 잘 때마다 입에 이런 장치를 끼워야 한다고? 불편해서 악세사리도 착용하지 않는데, 고가의 비용을 지불하며 매일 이물감을 느껴야 한다니 썩 내키지 않았다.

"다음에 할게요."

하고 돌아서며 처방받은 진통제는 통증을 줄이는 데 효과가 없었다. 대체품으로 온라인에서 저렴한 스플린트를 구매

했다. 일주일 정도 사용해 봤지만 불편하기만 했고, 결국 서랍 속에 넣어두었다. 증상은 나아지지 않았다. 답답한 마음에 한의원을 찾았다. 턱관절 질환을 호소했고, 침 치료와 물리치료의 일종인 카이로프랙틱(Chiropractic)을 받았다. 며칠 동안 치료를 지속했지만 호전됨은 느끼지 못하고 아픈 내 몸을 위해 뭔가 하고 있다는 것만으로 위로를 받을 뿐이었다.

심인성 질환, 통증의 근원 찾기

세상의 모든 워킹맘은 워킹맘이라는 타이틀만으로도 충분히 박수 받을 만하다. 일도 육아도 가정생활도 잘 해내야 한다는 압박을 안고 사는 하루하루였다. 심리적 압박이 지나쳐서 통증이 왔을까? 어떤 문제가 생기면 원인부터 찾기 마련이다. 모두 잠든 밤, 홀로 잠 못 드는 시간이 늘어나 긴긴밤을 지새우며 통증의 근원을 추궁하기 시작했다. 운동은커녕, 간단한 스트레칭조차 하지 않았다. 이를 악무는 습관, 제때 챙기지 못한 끼니, 옆으로 누워 스마트폰 불빛에 기대 밤을 지새운 나날들. 감정을 주체하지 못한 채 폭풍처럼 쏟아낸 말들까지. 그 모든 순간을 곱씹으며, 꼬리에 꼬리를 무는 통증의 원인을 찾아 헤맸다. 그러다 문득 눈에 들어온 단어, '심인성 질환'. 한마디로 말해, 스트레스가 모든 병의 시작이라는 익숙한 결론이다. 심인성 질환을 회복시키기 위해 '마음을 편히 갖기, 즐거운 일 하기, 싫은 것 거절하기' 같은 처방을 정해보았다. 하지만 대한민국에서 아이를 키우는 기혼 여성에게 이 처방이 과연 쉬운 일일까. 스스로에게 던진 질문에 피식, 쓴웃음이 나왔다. 마음을 비우겠다고 좋아하는 차를 한 잔 내렸다. 따뜻한 김이 서린 잔을 손에 쥔 순간, 문득 지그문트 프로이트의 이론이 떠올랐다. 그리고 마침내, 내 통증의 근원을 찾아냈다. 이드와 에고, 슈퍼에고. 나로 말할 것 같으면 루틴이 세상에서 가장 어렵게 느껴지는 누구보다도 자유롭길 갈망하는 사람이다. 마흔이 넘도록 사회가 요구하는 루틴 속에서, 이드와 슈퍼에고 사이에 낀 에고를 달래기도 하고 채찍질하기도 하며 살아왔다. 퇴행하고, 투사하고, 부정하고, 억압하고, 치환하고, 반동형성을 총동원해 버텼다. 그러면서도 이왕이면 승화를 선택하자며 애써 긍정성을 발휘하려 노력했다. 하지만 억눌린 에고는 끝내 반기를 들었다. 쌓이고 쌓인 내면의 갈등이 결국 도망칠 곳을 찾다 못해, 통증이란 이름을 달고 몸속 깊이 뿌리를 내렸나 보다. 마치, '이제 좀 나도 봐주라.'라는 신호라도 보내는 듯이.

제주행

통증을 멈추기 위해 내가 할 수 있는 것이 무엇일까? 좋아하는 일, 하고 싶은 일을 떠올렸다. 그렇게 나의 제주 앓이가 시작되었다. 그 무렵 시작된 프로젝트는 기대 이상으로 잘 진행되고 있었다. 열정이 열정을 낳아 새벽에 출근하는데 전화가 걸려 왔다. 경비 아저씨였다. 아침 시간 아이들을 돌봐주시던 어머니께서 도착하시기까지 한 시간가량 남은 시간, 곤히 잠들어 있는 아이들을 확인하고 집을 나선 날이었다. 그런데 하필 그날따라 첫째가 일찍 잠에서 깼는지 엉엉 울면서 동생을 깨워서는 "ㅇㅇ야, 엄마 찾으러 가자." 하고 나와 눈물 콧물이 범벅이 된 채 울면서 아파트 현관문 앞에서 발견되었단다. 다섯 살, 일곱 살 아이들의 키에 센서가 안 잡혀 문이 안 열린 것이 다행이었다. 마흔쯤에 누구나 한

번쯤 인생의 위기가 찾아온다고 했던가. 육아와 출근을 반복하며 눈 떠서 잠들기까지 삶을 둘러싼 각종 루틴과 시스템에 애써 적응하길 수년째 이어오고 있었다. 완벽하게 해내지도 못하면서, 육아도 일도 완벽해지고 싶어 애쓰며 꾹꾹 눌러 담았던 내면의 무언가가 결국 폭발해버렸다. 나의 마흔도 위기에 놓였다. '이제 그만 내려놓자.'와 '어떻게 버텨왔는데 여기서 멈춰!'라는 소리 없는 외침들이 머릿속에서 끝없이 맞붙고 있었다. '오늘만 살아내자.' 그렇게 애써 버티던 어느 날, 제주 앓이를 해소하고자 자주 드나들던 온라인 커뮤니티에서 한 게시글을 발견했다. '작은 학교에서 1학년으로 입학할 아이를 찾습니다.' 위기는 곧 기회의 또 다른 이름이라고 했던가. 프로 실행러답게 망설일 틈 없이 모든 걸 제쳐두고 제주로 향했다. 택시에 몸을 싣고, 복잡한 마음을 안은 채 차창 밖을 응시했다. 그러다 낯선 마을 입구에 도착한 순간, 마을이 속삭였다. '안녕? 왜 이제 왔어. 그동안 고생했지?' 포근하게 나를 감싸는 듯한 그 느낌. 이렇게 환영받는데, 더 무엇이 필요할까? 그리고 다음 날, 제주행을 선택했다. 뿌듯함으로 가득했던 커리어의 정점에서, 아이러니

하게도 직장 생활을 멈추었다. 살기 위한 선택이었다.

제주의 삶

다육이가 피어 있는 돌담길 옆에서 여섯 살 둘째는

"와, 드디어 엄마가 데려다주신다."

하며 신이 나서 유치원으로 향하는 발걸음에 즐거움을 가득 실었다. 푸릇푸릇 돋아나는 잔디밭과 파란 하늘 위에 몽글몽글 피어있는 구름 아래로 등교하는 여덟 살 첫째의 뒷모습을 흐뭇하게 바라보는 일상에서 회복의 날들이 시작되었다. 루틴이 제일 어렵다던 나는 어디 가고 등굣길 뒷모습을 바라보는 일상은 그렇게 행복할 수가 없었다. 침대에 누워서도 한눈에 보이는 야자수와 문 열고 나와 조금만 걸으면 등장하는 섶섬과 바다, 한겨울에도 포근하게 감싸주는 서귀포 작은 마을 보목에서 삶은 마냥 즐거웠다. 집을 나서자마자 보이는, 바다 한가운데서 아침 해를 맞으며 평화롭게 서 있는 지귀도는 '잘 지내고 있지?' 하며 수시로 안부를 물어주었다. 포슬포슬했다 맑았다 하루에도 여러 번 모습을 바꾸는 자유로운 하늘과 구름은 통증을 잊게 해주었다. 그러고 보니 매년 숨통 트일 곳을 찾아 드나들던 제주는 언제나 회복의 장소였다. 그해의 제주 역시 나에게 회복을 선물했다. 그렇게 통증 이야기는 끝나야 했다.

삼차신경통인 것 같은데 아니라고?

통증의 양상이 달라졌다. 제주의 삶이 일 년쯤 지났을 무렵이었다. 번개 치듯 왔다 사라지는 증상이 줄어들었다. 대신 약한 전기가 통하는 듯 하루 종일 잔류하는 통증과 혀가 저릿저릿한 증상이 계속되었다. 밥을 먹을 때마다 턱이 굳어버린 듯했고, 양치를 하려고 입을 벌릴 때마다 날카로운 통증이 엄습했다. 불길한 예감이 들었다. 몸에서 뭔가 심상치 않은 변화가 일어나고 있었다. 겁에 질려 다시 치과를 찾았을 때 약 처방 대신 '신경과' 진료를 권유해 주셨다. '삼차신경통'. 그저 병명을 안 것만으로도 기뻤다. 얼굴을 지나는 삼차신경. 그런 것이 있다니! 신경과 의사 선생님은 그간 겪었던 내 증상을 삼차신경통으로 추측하셨다. 병명도 생소한 이름을 알게 된 날 '삼차신경통'을 키워드로 사람들이 모인 온라인 카페가 있다는 것을 알았다. '얼굴에 번개 치듯 전기 흐르는 느낌이 듭니다. 무슨 병인지 찾다가 여기 오게 되었어요.', '얼굴을 칼로 도려내는 것 같은 통증이 와요. 하루하루가 고통입니다.', '치통인 줄 알고 치과 치료를 받았는데 소용이 없네요.'라는 글들은 '어머, 나랑 똑같네?'라는 생각과 동시에 위로가 되었다. 그저 이 복잡한 마음을 공유할 수 있는 사람들이 있다는 것만으로도 카타르시스가 느껴졌다. 일상에 쫓겨 병원 갈 틈은 없어도 수시로 카페는 접속했다. 통증으로 하나 된 동지들이 모인 온라인 공간은 나의 안식처라 해도 과언이 아니었다. 신경과에서 처방받은 약을 먹었다. 무슨 이유인지 약을 먹으면 졸음이 몰려왔다. 일상을 방해할 정도였다. 약을 중단했다.

대학병원을 찾아가기로 했다. 온라인 카페에서 치료 후기를 뒤적여 병원을 정하고 진료의뢰서를 받기 위해 다니던 신경과를 찾았다. 소견서와 함께 전문의를 추천해 주셨다. 천군만마를 얻은 기분으로 감사를 표하고 제주에서 육지까지 큰 기대를 하고 갔다. 그런데 신경과 전문의께서는 간단한 문진만으로 삼차신경통이 아닌 것 같다며 치과로 보냈다. 턱이라도 살펴보거나 눈에 보이는 검사라도 했다면 실망이 덜했을 듯하다. 얼마나 답답하겠느냐고 위로 한마디만 건네셨더라면 황망함이 덜 했을까? 설상가상 대학병원 치과에서는 당일 진료가 안된다며 예약하고 다음에 오라는 것이 아닌가. 제주에서 어렵게 왔다는 것이 전혀 배려가 되지 않는 대학병원은 기다림의 연속이었다. 그럼에도 어쩌겠는가, 전문가의 소견을 붙잡는 수밖에. 혹시나 하는 마음에 제주-육지를 오가길 일 년, 치과에서 각종 검사를 받은 끝에 '이상 없음' 판정을 받았고, 내 손엔 결국 스플린트가 들려 있었다. 이상은 없지만 정 불편하시면 착용을 권장한다면서 선택할 틈도 없이 본을 뜨고 있었다. 생각해 보겠다고, 싫다고, 본뜨기를 거절하지 못한 채 100만 원 가까이 찍힌 카드 영수증을 들고 있던 나에게 화가 났다. 매일 밤 열심히 착용했던 스플린트는 통증을 줄이는 데 큰 도움이 되지 못했고 다시 절망이 시작되었다.

5천만 원으로 다시 삶을 붙잡다

기적처럼 통증이 사라지길 기대하며 아침에 눈 뜨는 일상. 통증이 있는 사람이라면 공감할 이야기일 것이다. 잠에서 깨어 서서히 의식이 돌아오면서 저릿저릿 그 자리에 그대로 남아 있는 통증을 인지한다. 실망감으로 하루를 시작하는 것이 반복되었다.

'통증과의 이별은 삶을 마감하는 방법밖에 없구나.'

싶은 날들이었다. 매일 반복되는 통증은 어김없이 우울감으로 번졌다. 우울감이 절정에 달해 절망에 빠져 있던 어느 날이었다. 당장에라도 통증과 이별을 하기 위한 여러 가지 방법을 구상 중이었다. 생각이 깊어질수록 우울감은 수렁에 빠져 '사고사' 그것이 최선이라고 생각하던 찰나였다. '윙윙' 핸드폰 진동이 울렸다. 받을까 말까 하다 부정적 감정에서 빠져나올 수 있을 것 같아 겨우 통화 버튼을 눌렀다. '여보세요.' 맥 빠진 목소리로 전화를 받았다. 응답하는 이가 있다는 것만으로도 신났는지 그녀는 열심히 상품을 설명하기에 바빴다. 삶에 의욕을 완전히 상실했던 나는 겨우 쥐어짜 들릴 듯 말 듯한 목소리로

"그러니까 2년이 지나면 사망원인 상관없이 보험금이 나온다는 거죠? 설사 스스로 선택해도 말이에요."

라고 질문했다. 유선으로 전해지는 나의 감정 따윈 고려

대상이 아니었는지 그녀는

"네, 그럼요. 고객님, 그래도 그러시면 안 되시죠."

라며 신나게 상품 설명을 이어갔다. 나와는 달리 하이톤의 쉬지 않는 멘트 질주로 그녀는 결국 실적을 챙겼다. 그날 이후 공식적으로 나의 생명은 5천만 원이 되었다. 고작.

우울에서 벗어나는 방법은 삶을 다채로운 이벤트들로 채워 넣어 우울이 치고 들어올 틈이 없도록 만드는 것이다. 우울을 적극적으로 피하는 나만의 방법이다. '영차' 힘을 내고 침대 밖을 빠져나와 우울에 맞서는 삶을 다시 시작하였다. 독서 동아리, 낭독, 연극, 승마, 스쿠버다이빙, 딩기 요트, 앙금 케이크 만들기 등 가리지 않고 빈 시간을 채웠다. 제주에 있는 3년 동안 '잃어버렸던 나의 꿈'을 찾아 두 번의 독백 발표와 두 번의 연극무대에 올랐다. 주말이면 두 딸과 함께 제주의 동서남북을 누볐다. 바다, 캠핑장, 산을 가리지 않고 떠돌아다니며 새로운 삶을 선택하고 경험하는, '제주 노마드 맘'이 되었다.

저지오름이 선물해 준 1인 기업

저지오름에 올랐다. 정신없이 멋진 풍경을 즐기며 직진 본능을 앞세우다 가려던 길이 아닌 길로 들어섰다. 눈 앞에 펼쳐진 장관을 즐기며 아래로 아래로 내려갔다. 내려가면 내려갈수록

"우와~ 이렇게 멋지다니!"

라고 감탄사를 내뱉었다. 감탄사가 커질수록 마음 한구석엔 '다시 올라갈 길'이 걱정되기 시작했다. 그 순간 붉은색 글씨의 표지판이 눈에 들어왔다. '위험 추락 주의'. 왜 하필 그 순간 머릿속에 '경력 단절'이라는 외침이 들려왔을까? 제주의 아름답고 여유로운 삶에 만족감이 높아졌지만 내 커리어는 추락하고 있었다. 가슴이 두근거렸다. 매료되었던 풍경을 뒤로하고 즐기면서 내려온 만큼 이어지는 계단을 헉헉거리며 오르면서 개인 브랜드를 구축해야겠다고 결심했다. 프리랜서의 삶에 전문성이 짙어지면 1인 지식기업으로 브랜딩을 할 수 있을까? 막연하게만 생각했지, 창업을 적극적으로 고민한 적은 없었다. 저지오름은 그런 나에게 지금이 때라고 신호를 주었다. 프로 실행러답게 그날로 사업자 등

록중을 냈다.

'저지오름, 고마워.'

내 일을 시작한다고 생각하니 온전히 자연을 즐길 때보다 에너지가 넘쳤다. 제주에서의 프로젝트는 일과 여행을 벗 삼을 기회였다. 서귀포에서 제주 동서남북을 넘나들었다. 고객을 만나러 가는 길에 마주하는 풍경 속의 드라이브는 마치 영화 속 주인공이 된 것 같았다. 한라산을 넘을 때면 바짝 긴장해서 슬슬 기어가던 초보운전자는 어느덧 숲 터널 풍경까지 즐기는 베스트 드라이버가 되었다. 운전대를 잡고 있는 시간만큼은 제주의 자연을 온전히 즐길 수 있는 나만의 시간이었다. 운전 실력이 늘면서 본격적인 노마드적 삶이 시작되었다. 일에 몰두하는 동안은 통증이 느껴지지 않았다. 도파민의 힘이라는 것이 이런 것일까 싶었다. 하지만 여전히 통증과 함께하는 일상, 일과를 마칠 무렵부터 스멀스멀 통증 기운이 모습을 드러냈다. 깊은 밤 고요한 틈을 타 통증은 어김없이 밀려왔다. 아침이면 다시 괜찮을 거라고 하며 자연스럽게 통증과 친구 하게 되었다.

제주 정착을 꿈꾸다

"대표님이라 불러도 되겠죠?"

서귀포의 창업지원 기관 매니저님의 말에 순간 멍해졌다. 내가 대표라고? 아무런 준비도 없이 시작한 창업이었는데, 대표라고 불리는 순간, 나도 대표처럼 행동해야 한다는 책임감이 생겼다. 제안서를 작성하기 시작했고, 명함을 만들었다. 프로필을 만들어 일거리를 줄 수 있을 법한 기관들에 돌렸다. 홍보를 시작한 첫날 한 기관에서 연락이 왔다. "어떻게 알고 연락을 주셨어요? 마침, 직원 역량 강화 프로그램 강사를 찾는 중이었어요." 오호라. 역시 실행이 답이다. 그렇게 첫 프로젝트를 순조롭게 진행했다. 그뿐만이 아니었다. 사람과 사람이 신뢰를 쌓는 데는 시간이 필요한 법이다. 긴 시간 맺어온 인연들은 결정적인 순간에 빛을 발했다. 재직 중에 교육을 기획하면서 모셨던 여가 교육 기관 대표님과 제주에서 다시 마주했다. 대표님께서는 '퇴직자의 인생 2막을 풍요롭게 하고 싶다'는 비전을 세우고, '제주 여가 마을'을 만들고 계셨다. 대표님의 주선으로 삶의 가치를 공유하는 여가 마을 촌장님을 만나 비전을 공유했다. 나 역시 여가 커리어의 중요성을 널리 알리고자 하는 한 사람으로써 제주 동쪽, 제주 서쪽을 누비며 함께 프로젝트를 진행했다. 또 다양한 분야에서 인연을 맺었던 동료들이 제주에서 프로젝트가 생기면 나를 떠올렸고 연락을 해왔다. 하고 싶은 일을 즐겁게 하는 사람이 있다면 바로 나였다. 거창한 사업 계획서를 가졌던 것도, 창업 자금이 있었던 것도 아니지만 무모한 실행력의 힘은 제주에서 정착을 꿈꾸게 했다. 돌담집을 사서 에어비앤비를 해볼까? 독립 서점을 내볼까? 밤마다 무한한 상상력을 펼치며 제주에서 어떻게 멋진 인생을 살아갈까 궁리했다. 그러나 언제나 그렇듯 인생은 예상대로 흘러가지 않는 법. 정착은커녕 제주와의 이별이 찾아왔다. 내가 제주에서 다시 살아갈 힘을 찾는 동안, 남편은 가족과 떨어진 3년의 세월을 견뎌냈다. 우리 가족은 다시 한집에 모여야 할 때가 되었다. '가족은 한 울타리에서'라는 전통적 가치관 아래 나도 아이들도 제주와 이별해야 했다. 예상은 했지만 혼자가 아니었기에 강력하게 거부하지 못했다. 그즈음 남편은 승진과 함께 대전으로 발령이 났다.

다시 낯선 곳에서의 삶

 제주를 떠나기 전 가장 먼저 한 일은 다시 일자리를 찾는 것이었다. 낯선 곳에 적응하기 위해 여유를 찾기보다 긴장감을 느끼기 위해 택한 일이다. 한때 일상의 터전이었던 제주는 지금의 나를 1인 기업 대표로 만들고 N잡러로 만들었다. 경력직은 결국 경력이 무기다. 빈 시간을 빼곡히 채우며 분주히 일상을 살았던 만큼 경력은 충분했다. 게다가 직업 특성상 각종 취업포털 사이트를 섭렵하고 있었기에 일자리를 찾는 것은 어렵지 않았다. 다만 일자리 매칭은 구인처와 타이밍이 맞아야 가능한 법. 그런데 낯선 도시가 마치 반기기라도 하듯 타이밍이 절묘했다. 취업포털을 살펴보던 중 대전에서 한 시간 거리의 대학에서 교양과 강사를 채용하고 있었다. 망설일 이유가 없었다. 곧바로 지원했고, 운 좋게 제주를 떠나기도 전에 강의할 기회를 얻게 되었다. 파란 머리로 면접을 보러 갔던 날, 내 모습이 신기했던지 면접관님은 "제주의 바다를 머리색에 담아오셨네요."라고 농담을 던지셨다. 2023년 2월의 마지막 날, 나는 제주를 떠났다. 배에 올라 멀어지는 한라산을 한참 동안 지켜보았다. 설문대

할망의 옆모습, 그 넉넉한 품. 제주 사람들은 설문대 할망이 거둬줘야 잘 살 수 있다고 말한다. 나 역시 그 품 안에서 좋은 추억만 가득 안고 섬을 떠났다. 멀어지는 한라산을 향해 마음속으로 인사를 건넸다.

"할망, 고마워요. 덕분에 잘 살았수다."

짐을 가득 실은 차를 배에 싣고 바다 위에서 석양과 달빛을 즐기는 사이 완도항에 도착했다. 오랜만에 다시 육지에서 산다는 것. 익숙한 듯 낯선 땅 위에서, 발을 내딛지 못한 채 잠시 떠 있는 기분이었다. 바다는 점점 멀어지고, 2월의 끝과 3월의 시작을, 고속도로 위에서 맞이했다. 어디에도 닿지 않은 채, 헤어진 자리와 새로 머물 곳 사이를 끝없이 달렸다. 그리고 마침내, 나는 낯선 도시 대전에 도착했다. 아이들이 다니게 된 학교는 한 학년에 단 한 학급뿐이던 제주와는 정반대로, 무려 아홉 개 학급이 있는 과밀학교이다. '과학자와의 만남' 주간에는 반마다 학부모 강사가 참여하는데, 과학의 도시답게 학부모들의 재능 기부만으로도 모든 반이 충족된다니, 낯설지만 참 흥미로운 도시이다. 나는 일을 시작하고, 모임에도 참석하며, 즐겁게 지내기 위해 노력했다. 낯선 곳에 자리 잡는 일을 두려워하지 않는 나였지만, 무의식 저 깊은 곳의 나는 그 모든 것이 버거웠나 보다. 파랗게 물들였던 머리는 다시 검은색으로 돌아왔고, 대전에서의 삶이 일 년도 채 지나기 전에 통증은 일상을 방해할 만큼 깊어졌다.

누구냐 넌? 희망과 절망 사이

'으악' 밖으로 소리를 내지 못하고 비명을 삼켰다. 강의하는 도중이었다. 벼락을 맞은 것처럼 강한 통증이 턱을 후려쳤다. 입을 벌릴 때마다 찌릿함을 넘어선 강렬한 통증이 왔다. 경험해 보지 못했지만, 주리를 틀린다면 이런 느낌일까? 강의하다 멈추기를 여러 번. 그것이 여러 날 반복되었다. 말로 먹고사는 강사가 말을 못 하게 되면 어떻게 될지 덜컥 겁이 났다. 직업을 내려놓아야 하는 불안감이 엄습할 즈음 다시 통증과의 전쟁을 선포했다. 아무래도 삼차신경통인 것 같았다. 삼차신경통을 전문으로 진료한다는 한의원을 찾았다. 한의원답게 체질 분석 문진이 오갔다. "이상하네요, 말씀하시는 것하고 몸 상태가 매칭이 안 되네요." 여러 문진

끝에 한의사님의 갸우뚱한 표정과 질문에 망치로 머리를 맞은 듯한 깨달음이 왔다. 몸이 지칠 때까지 움직여야 하루를 열심히 살아냈다는 보람이 있는 내 삶이었다. 내 몸은 나의 에너지를 감당하기에 연약했던 것일까? 세상을 향한 끊임없는 호기심을 채우며 분주히 살면서 마음과 몸의 불균형이 시작된 걸까? 늘 이랬다. 뭐든 할 수 있는 일을 찾아 실행하는 사람. 이미 '말을 못 하게 된다면 연구라도 해야지.' 하며 박사과정을 알아보는 중이었다. 어떤 상황에서도 할 수 있는 일을 찾고, 행동으로 옮기는 사람이라니. 내가 생각해도 참 대단한 나다. 불안을 가만히 두지 못하는 성격, 새로운 길을 찾으려는 본능. 어쩌면 통증은 그런 내 모습에서 비롯된 게 아니었을까 싶다. 한의사님의 체질 개선과 침 치료를 병행해 보자는 얘기에, 이번엔 정말 통증이 사라질지도 모른다는 희망이 스쳤다. 아니, 사라질 거라고 믿고 싶었다. 그런데, 선생님의 다음 말이 나를 다시 혼란 속으로 밀어 넣었다. 삼차신경통이 아닌 것 같다며 턱관절 질환을 의심했다. 다시 턱관절로 도돌이표. 전기 치료와 침 치료를 병행했다. 처음으로 내 돈 주고 한약을 먹었다. 통증이 줄어드는 듯했다.

내친김에 한약 한 제를 더 먹었다. 두 달쯤 지났을까?

'이렇게 열심히 치료를 받는데 무슨 반응이라도 와야 하는 것 아닌가?'

생각이 들었다. 결국 기다리던 회복은 오지 않고 다시 절망이 시작되었다.

여기서 멈출 순 없었다. 지인의 소개로 용하다는 서울의 한의원을 다시 찾았다. 환, 침, 민간요법까지 서울과 대전을 오가며 열심히 치료한 결과는 나이가 지긋하신 한의사님께서 위로하듯 건넨 "아이고, 얼마나 아팠어! 그래, 몸이 이렇게 될 때까지 어떻게 살았어?"라는 문장이 안겨준 심리적 안정뿐이었다.

통증과 전쟁을 선포했으니, 시간이 없었다. 이 길이 아니면 저 길로. 구강내과, 이비인후과, 치과, 한의원을 돌고 돌았다. 삼차신경통인지 턱관절인지 병명이라도 명확했으면 좋겠다. 눈에 보이는 이상 소견이라도 있으면 마음이 편할 것 같았다. 분명 나는 아픈데 이상이 없단다. "턱에 통증이 하루 종일 있어요. 시작된 지는 5년이 되었고요. 치과에서 온갖 검사를 했는데 이상이 없다 했어요. 신경과에서 삼차신경통으로 처방된 약을 먹었었는데 너무 졸려서 일상생활을 할 수가 없고요. 대학병원 신경과에서는 삼차신경통이 아닌 것 같다 하셨어요." 도대체 이 대사를 몇 곳의 병원에서 한 것인가? 일자목, 침샘염 등 새로운 병명들을 의심해 보았다. 영상의학과를 방문했다. 삼차신경통을 찾기 위해 MRI를 촬영했다. 이상 소견이 보이지 않는단다. 치과, 신경과, 이비인후과, 자세교정원을 전전했다.

어느 병원을 가야 하나 궁리하다 구강내과를 방문했다. 통증의 원인을 이갈이와 평소 턱에 힘을 주는 습관 등으로 설명하고 이런저런 생활 습관 교정을 안내해 주었다. 지금까지와는 다른 접근이었다. 또다시 희망이 생겼다. 초음파 치료를 병행했다. 한 달이 지났을 무렵 붙잡았던 희망은 사라지고 결론은 다시 제자리. 통증은 줄어들지 않았다. 혹시 영양소가 부족해서일까 싶어, 챙기지 않던 영양제를 챙겨 먹기 시작했다. 턱관절 통증엔 찜질이 좋다기에 팥 찜질팩을 사서 아침저녁으로 찜질도 했다. 각종 민간요법을 총동원해 봤지만, 별 차도는 없었다. 그러던 어느 날, TV를 보다가 귀가 번쩍 뜨였다. 턱관절 질환의 새로운 치료법, '프롤로테라피(Prolotherapy, 증식치료)'라는 것이 등장했단다. 약물이나 수술 없이, 우리 몸의 자연 치유력을 이용해 조직을 회복시키는 주사 치료라는데, 약해진 인대나 힘줄을 튼튼하게 만들어 통증을 완화한다고 했다. 턱관절에도 적용할 수 있다니, 이게 답일까? 통증만 사라질 수 있다면, 당장이라도 시도하고 싶었다. 다만 새로운 치료법이라니 정보가 필요했다. 지인을 통해 치과 의사분께 자문을 구했다. 나의 기대와는 달리 새 치료법에 다소 회의적이셨던 그 분은 이런저런 검사와 설명을 정성껏 해 주셨고, 통증에 공감도 해 주셨지만, 치과적 문제는 아닌 것 같다고 하셨다. 절망에 빠진 표정으로

"저는 어느 병원에 가면 좋을까요?"

를 재차 물으니

"다시 한번 엑스레이를 찍어보자."

고 권유해 주셨고, 그때 매복 사랑니의 존재를 알게 되었다. 그렇게 통증은 멈추었다. 그냥 그렇게 감각이 없이 살았으면 좋았을 것을.

통증의 쓰나미 속에서 찾아낸 이름

일시적으로 통증을 멈추게 했던 하치조신경 손상이 7개월에 접어들면서 입술에 감각이 어느 정도 돌아왔다. 2024년 가을의 끝자락, '찌릿찌릿' 신호가 오면서 기적처럼 잠시 안녕했던 통증이 다시 시작됐다. 다만 통증의 양상은 이전과 달랐다. 사랑니를 뽑은 자리가 하루 종일 욱신거렸고, 동시에 턱과 귀밑 어딘가에 자리 잡은 통증이 예상했던 대로 거센 파도처럼 몰아쳤다. 겉으로는 아무렇지 않은 척 일상을 이어갔지만 사실 아무렇지 않지 않았다. 아팠다. 너무 많이 아팠다. 통증은 눈에 보이지 않아 환자들을 더욱 답답하게 만든다. 차라리 눈에 확연히 드러나는 외상이라면 일일이 아프다고 설명하지 않아도 될 텐데 싶었다. 욱신거리는 통에 잠드는 것이 쉽지 않았고, 겨우 잠이 들었다가도 통증으로 인해 깨어났다.

밤새도록 이어지는 강도 높은 통증이 계속되자 처음부터 다시 치료를 시작한다는 마음으로 유명하다는 치과 병원의 구강내과를 찾았다. 또다시 처음부터 문진을 받고 구구절절 아팠던 히스토리를 설명했다. 엑스레이 촬영을 하면서 턱관절에 이상이 있기를 간절히 바랐다. 그러나 심각한 표정의 의사 선생님은 치과 영역에서 나타날 수 있는 증상이 아니라며, 소견서를 써줄 테니 신경과를 찾아가라고 권했다. 제일 궁금했던 하치조신경 손상과 일시적 통증 완화는 인과관계가 없다고 덧붙였다. 턱 디스크 손상이라고 진단을 내려 주길 바랐다. 턱에는 이상이 없는지 재차 물었다. 턱관절 질환이 복합적으로 진행되고 있을 수도 있으나 급한 치료부터 해야 하지 않겠냐며 소견서를 써 주셨다. 결국 구강내과 복도에서 눈물을 쏟고 말았다. 도대체 얼마나 더 돌고 돌아야 병명을 알 수 있을까? 아니다. 이름은 몰라도 상관없다. 통증이 멈추기만 한다면 좋겠다. 그렇게 또 며칠을 통증이가 이기나 내가 이기나 해보자는 마음으로 옥신각신하며 살았다.

그러다 치통처럼 욱신욱신하는 통증이 도대체 멈출 기색이 보이지 않아 하는 수 없이 다시 신경과에 갔다.
"이미 많이 알아보셨겠지만…"
하며 시작된 진료에서 의사 선생님은 삼차신경통을 예상하셨다.

'드디어 병명이 확정되는구나!'

속으로 생각하며 신이 났다. 정밀 검사를 통해 확인해 보자 하셨다. 당장이라도 좋으니, 검사를 원한다고 했다. 11월 중순, 검사를 하기 위해 1월까지 기다려야 했다. '이렇게 아픈데 검사를 하기 위해 두 달을 기다려야 한다고? 맙소사.' 절망 가득한 표정으로 더 빨리 할 방법이 없느냐 물었다. 검사팀과 다시 한번 통화를 시도한 간호사님 덕분에 2024년 12월 31일 6시 30분. MRA 촬영을 앞두게 되었다. 검사 결과에 이상이 있길 기다리는 시간이 설레었다. 어디가 아픈지 결론을 지을 참이다. 검사를 앞둔 아침, 양치를 하는 데 백만 볼트 전기가 뺨을 후려쳤다. '으악~!' 소리가 절로 나왔다. 심호흡을 했다. 검사 결과에 이상이 있길 바란다. 제발!

에필로그

글을 완성하는 사이 MRA 검사를 했다. 2024년의 마무리를 '두두두두, 삐융-삐융-삐융, 치크치크치크, 둥둥둥둥' 기계음과 함께했다. MRA는 혈관이나 신경을 선명하게 영상화하는 검사이며, MRI보다 더 정밀하게 볼 수 있다고 한다. 이번엔 내 병의 이름을 확인할 수 있을 것 같아 기분이 좋았다. 또 한 달을 기다려 결과를 보러 가던 날, 마치 합격 여부를 확인하러 가는 수험생처럼, 기대 반 불안 반의 마음으로 병원으로 향했다. 의사 선생님께서는 결론을 미루듯 서론부터 꺼내기 시작했다.

"여전히 아프시죠?"

하며 MRA 판독을 시작했다.

"뇌는 깨끗하고요. 전체적으로 이상이 없어요."

라며 말을 이어갔다.

"다만 여기 보이시죠? 여기 신경이 눌려 있어요."

비로소 삼차신경통 확진을 받았다. 턱관절과 삼차신경통 사이를 떠돈 지 5년 만이다. 병명을 알아야 치료할 것인데, 여태껏 병명을 몰랐다. 그래서 기뻤다. 아프지만 기뻤다. 의사 선생님께 큰절이라도 하고 싶을 만큼 감사하다. 한편으론 이미 몇 년 전 어렵게 병명을 알아냈고, 전문의를 찾아갔던 때가 생각났다. 그때, 검사를 해주셨다면 조금 더 빨리 원인을 찾을 수 있었을까? 하지만, 다시 생각하면 나 역시 더 적극적으로 요청하지 못했다. 그때는 의료진의 의견을 존중하는 것이 최선이라고 여겼고, 나도 의학적 지식이 부족한 채로 무작정 따르기만 했던 것 같다. 이렇게 돌고 돌고 돌고 돌아 결국 찾아낸 내 친구 통증이의 이름은 삼차신경통이다.

선생님은 삼차신경통 치료를 위해 두 가지 옵션을 제시했다. 약을 먹으며 신경이 자연스럽게 떨어지길 기다릴 것인가, 아니면 수술로 확실하게 붙어 있는 신경을 떼어낼 것인가? 내 선택이 남았다. 모니터 속 영상을 뚫어져라 바라보았다. 선명하게 보이는 신경 한 줄기, 저것 때문이었다. 이렇게 오랫동안 괴롭혀 온 통증의 실체. 이제야 원인을 알았다는 안도감 때문인지, 아니면 마침내 정체를 마주했다는 묘한 쾌감 때문인지, 붙어 있는 신경이 그렇게 예뻐 보일 수가 없었다.

'이렇게까지 찾아 헤맸는데, 너 이제야 모습을 드러내는 거야?'

마치 잃어버린 가족을 찾은 기분이었다. 그 때문일까? 아니면 결과를 기다리며 수시로 마셨던 생강차 덕분이었을까? 지긋지긋 괴롭히던 통증이 놀랍게도 며칠째 잠잠해졌다. 사람 마음이 참 간사하다. 통증이 잦아드니 당장이라도 수술하고 싶었던 마음도 잦아들었다. 견딜만하다. 양치할 때, 밥 먹을 때, 말할 때 송곳으로 찌르는 듯한 통증을 견뎌낼 수 있을 것 같다. 이렇게 다시 내 친구 통증이와 일상을 살아가 보련다. 언젠가 올 이별을 꿈꾸며. 아직도 어딘가에서 원인을 찾아 헤매고 있을 누군가에게, 이 말이 닿기를 바란다. 당신의 통증에도 이름이 있을 거라고.

다시, 봄(Spring)

신장 이식

윤경랑

"엄마, 나 죽어?"

응급실에서 병실로 이동한 아이는 환자복을 입고 침대에 누워 닭똥 같은 눈물을 뚝뚝 흘리며 물었다. 응급실에서 온갖 검사를 한 결과 응급 투석이 시급한 상황이었다.

"엄마, 투석하기 싫어. 투석할 바에 그냥 죽어버릴 거야."

투석을 완강하게 거부하던 아이가 눈 앞에 닥친 믿을 수 없는 현실 앞에 모든 것을 포기한 듯 겁에 가득 찬 목소리로 말했다.

"아니야, 죽긴 왜 죽어. 일단 투석하면서 방법을 찾을 수 있을 거야."

겁에 질린 아이를 다독이며 하는 말은 곧 내게 하는 말이기도 했다. 투석을 해야만 한다는 사실에 온몸이 사시나무 떨리듯 떨렸다. 드라마에서나 나오는 줄 알았던 이야기가 아이에게 닥쳤다. 가슴이 찢어지고 억장이 무너졌다. 하지만 아이는 살리고 봐야 했기에 마음을 단단히 해야만 했다.

아이는 대학 입학 후 1학기를 마치고 집으로 왔다. 벅찬 과제와 힘든 학교생활로 잠을 못 자고 먹는 것도 제대로 챙기지 못했는지 삐쩍 말라 몰골이 말이 아니었다. 가뜩이나 허약한 아이인데, 야윈 모습에 눈시울이 붉어졌다.

"한 학기 동안 공부하느라 너무 고생 많이 했네. 방학 동안 집에서 푹 쉬고 건강 회복하자. 엄마가 맛있는 거 많이 해 줄게."

"응, 엄마. 잠을 너무 못 잤어. 방학 동안 잠 많이 잘 거예요. 그런데 엄마 나 그래도 방학 동안 아르바이트하고 싶은데 가게에서 일해도 되죠?"

"그럼, 안 될 게 뭐 있어. 좀 쉬고 다음 주부터 나와서 일하면 되겠다."

아이는 컨디션 회복 후 일손을 돕기 위해 가게로 왔다. 그런데 한두 시간 일을 하다가 식은땀을 흘리고 다리가 풀리며 어지럽다고 했다.

"엄마 나 몸이 이상해. 자꾸 다리가 풀리고 힘이 없어요."

잦은 복통과 구토, 어지러움, 다리에 힘이 빠져 주저앉기를 여러 번, 그렇게 아이는 몸의 이상을 호소했다. 학기 중에 무리를 해서 피로가 누적됐나? 아직 몸이 덜 회복이 되었나? 단순하게 생각하고 집으로 들여보냈다. 그런데 이상하게도 안 좋은 증상이 며칠간 지속이 됐다.

직감적으로 '무언가 잘못됐구나' 싶은 생각이 들었고, 책상 위에 나뒹굴던 건강검진 결과지가 문득 떠올랐다. 얼른 방으로 가 결과지를 집어 들고 각종 수치들을 빠르게 눈으로 훑어보다가 크레아티닌 수치에서 시선이 멈췄다. 크레아티닌 15. 1.5가 아니고 15?

정상범위를 훨씬 웃도는 수치에 단순한 피로가 아니었음을 깨닫고 명절 연휴가 시작되는 주말이었으나 급하게 아이를 데리고 응급실로 달렸다. 검사에 검사를 거쳐 여름 동안 아이를 괴롭혔던 증상들이 신부전으로 인한 요독 증상이었음을 알게 되었다. 크레아티닌 15라는 수치는 쓰러져 응급실로 실려 와도 이상하지 않을 수치라고 했다.

신부전이라니 상상조차 하지 못했다. 신부전 증상으로 신장 기능이 떨어져 있었고 그로 인해 요독이 쌓였다고 했다. 생명이 위급할 수 있는 상태이고 투석을 통해 요독을 제거해야만 한다고 했다. 한 번 기능이 떨어진 신장은 다시 좋아질 수 없기 때문에 평생 투석을 해야 한다는 청천벽력 같은 소리를 들었다. 살면서 평생 투석이 필요하다는 말에 아이는 차라리 죽겠다면서 가슴을 치며 울었.

'투석'이라는 두 글자. 내게도 공포로 다가오는데 한창 젊은 이 아이에게는 얼마나 큰 공포일까? 그저 눈물이 앞을 가릴 뿐이었다. 하지만 지금 상황에서는 살길이 그뿐이라 했다. 이대로 버티면 언제 어떻게 될 지 아무도 알 수 없는 급박한 상황으로 엄마인 나라도 정신을 차려야 했다.

아이를 어렵게 달래서 응급 투석이라도 먼저 하기로 했

다. 하필이면 명절 연휴가 시작되는 때라 담당의가 없어 급하게 목에 관을 심기로 하고 입원 절차를 밟았다. 연휴가 지나서 내원할까 싶었지만 그 하루이틀 사이에 잘못될 수도 있을 가능성을 생각하니 하루도 미룰 수 없었다. 예정에도 없이 긴 입원 생활이 시작되었다. 응급 투석을 시작하며 주말을 보내고 연휴가 지나서야 가슴 아래로 카테터를 옮겨 시술하며 본격적인 투석의 준비를 했다. 목에 관을 꽂을 때도, 쇄골에 카테터 시술을 할 때도 아이는 통증으로 괴로움을 호소했다. 나 또한 아이의 몸 속을 관통하여 가슴팍에 대롱대롱 매달려 있는 관들을 볼 때마다 눈물이 앞을 가렸다.

급하게 카테터 시술을 하고 투석실로 이동하여 첫 투석을 하던 날을 잊을 수가 없다. 커다란 기계에 연결된 가슴을 뚫고 나온 카테터, 그 카테터와 연결된 투명 관들에 검붉은 혈액들이 마치 심장 박동처럼 팔딱거리며 흘러가고 있었다. 투석은 처음에는 2시간, 다음에는 2시간 30분, 3시간으로 차차 시간을 늘려가며 적응했고 아이는 투석을 할 때마다 깊은 잠에 빠졌다. 내가 할 일은 그저 그 옆을 조용히 지키는 것뿐이었다. 몇 날 며칠 투석이 진행되었고 투석을 하면 할수록 거짓말처럼 구토는 사라지고 아이는 점점 컨디션을 회복했다.

 의사 선생님께서는 장기 투석을 위해 팔에 튼튼한 혈관을 만들 수 있는 시술을 미리 준비하라고 했다. 피해 갈 수 없는 투석이고 가슴 카테터는 장기적으로 사용할 수 없다. 언젠가는 팔을 통한 투석이 필요하고 그를 위해서는 혈관을 만들어 둘 필요가 있다고 했다. 난생처음 접해보는 상황에 이리저리 알아보니 투석을 위해 팔에 하는 시술을 동정맥루라고 했다. 그런데 동정맥루 시술을 하고 혈액투석을 하는 환우분들의 팔은 울퉁불퉁하고 멀쩡한 상태의 팔을 찾아보기는 힘들었다. 그런 사진을 보니 또 가슴이 미어져 왔다. 병원에서는 투석을 진행함과 동시에 뇌사자 이식을 등록해 두라고 했다. '아, 투석의 다음 단계는 이식이구나. 이식이라니….' 10년이 지나도 언제 차례가 올 지 모르는 것이 뇌사자 이식이라고 했다.
 완강하게 투석을 거부하던 아이는 투석을 받아들인 순간부터 모든 것을 포기한 듯했다. 꿈으로 반짝이던 눈은 좌절과 절망으로 뒤덮였고 생기발랄했던 목소리는 자취를 감추고 침묵에 빠졌다. 왜 아닐까, 20대의 나이에 이런 일들이 생길 것이라고는 단 한 번이라도 생각해 본 적이 없었을 터이다. 투석, 뇌사자 이식, 투석, 뇌사자 이식, 이식, 수없이 검색하고 또 검색해 보다가 뇌사자 이식이 아닌 가족 간 이식에 대한 방법에 생각이 닿았다. 한참 꿈에 부풀어 에너지 넘치게 그 어느때보다 열정적으로 학교 생활을 하고 있는 아이에게 투석이라는 짐을 지고 '이 고난과 역경을 헤쳐 나가라'고 남의 일 말하듯 무책임하게 툭 던져 놓을 수 없었다.

이식을 결심한 이상, 뇌사자 이식에만 희망을 걸고 무한정 기다릴 수는 없었다. 뇌사자 이식 대신에 가족 간 이식에 대해서 아이와 남편과 긴 이야기를 나누었고 가족 간 이식을 하기로 결정을 했다. 이후 상담을 받고 병원에서 알려주는 대로 절차를 진행해 나갔다. 시간이 걸릴 뿐 문제가 되는 것은 없었다. 처음에는 남편과 동시에 적합 여부를 알기 위한 검사를 하려고 했다. 그런데 생각해보니 아이가 아픈데 남편까지 수술을 하고 아픈 몸이면 견딜 수가 없을 것 같았다.

결국 남편은 우선순위에서 제외하고 내가 먼저 이식 가능 여부 검사를 먼저 받기로 하고 필요한 절차를 밟아 나갔다.

  아이는 투석을 하면서 다행스럽게도 안정을 찾아갔다. 하지만 종합병원에서의 투석은 시간이 정해져 있었다. 그래서 학교생활을 하며 투석을 받을 수 있도록 생활권에서 병원을 찾아 전원 신청을 해 두고 퇴원을 하였다. 입원해 있는 동안 아이는 이식을 위한 사전 검사를 미리 해 두었다. 아이는 담담하게 투석 생활을 유지해 나갔다. 새벽 6시 기상, 오전 7시 병원 도착, 4시간의 투석 종료 후 등교, 많은 과제와 팀플, 전시회를 준비하면서 부족한 잠은 투석 시간에 자는 것으로 채우며 치열하게 대학 생활의 2학기를 보냈다.

  아이가 투석 생활을 병행하며 학교 생활을 하는 동안 나는 가족 간 이식을 위한 검사를 순차적으로 진행했고 다행스럽게도 모두 적합 판정을 받았다. 병원에서는 6개월 이상의 투석을 하고 이식 수술을 하는 것이 좋겠다고 했지만 수술 후 학교 생활을 이어갈 수 있도록 겨울 방학에 수술을 하기로 결정했다.

아이와 나는 혈액형이 다르다. 예전에는 혈액형이 다르면 이식을 할 수 없었지만 의료기술의 발달로 요즘은 혈장교환술을 통해 이식을 할 수 있게 되었다. 이식 수술일은 1월 중순. 아이는 수술 전 혈장교환술을 하기 위해서 종강을 하자마자 집으로 올라와 체력을 가다듬고 먼저 입원을 했다. 다행히도 혈장교환술을 받는 내내 큰 문제는 없었고 수치도 안전하게 맞춰졌다.

아이의 보호자로 같이 있던 나는 수술 전날 공여자의 입장으로 입원을 했다. 출산 때 말고는 입원을 해 본 적이 없는지라 긴장이 되기는 했지만 금방 담담해졌다. 수술 후에는 서로를 만나기 어렵다는 말에 전날 밤에 아이의 병실로 찾아가 수술이 잘될 것이라 빌어주고 안아주었다.

"엄마, 사랑해. 고마워. 그리고 미안해. 엄마는 아픈 거 싫어하는데 내가 엄마를 아프게 해서 너무 미안해. 엄마."

아이가 울며 말했다.

"괜찮아. 괜찮아. 엄마는 다 괜찮아. 네가 다시 건강해진다면 엄마는 다 괜찮아. 수술 잘 받자. 힘내."

아이를 다독이는 나의 눈에서도 눈물이 주르륵 흘렀다.

아침이 밝았다. 이른 아침부터 수술 준비는 분주히 시작되었다. 수술실로의 이동을 위해 이송원이 병실로 오고 영화에서 많이 보던 한 장면처럼 침대에 누워 남편의 배웅을 받으며 수술실로 향했다. 나도 모르게 눈물이 흘렀다. 남편이 손을 꼭 잡아주었다. 마치 꿈 같았다.

악몽을 꾸고 있는 걸까? 소스라치게 깨어 꿈이었음을 알고 안도의 숨을 쉬는 그런 장면이면 얼마나 좋을까? 수술실로 들어갈 때까지도 믿어지지 않았지만 꿈이 아니었다. 수술실의 조명이 환하게 팡 켜지고 마스크가 씌워졌다. 그리고 스르르 잠이 들었다. 긴긴 시간이 흘러 정신을 차렸을 때는 온몸을 갈기갈기 찢는 고통으로 숨조차 쉴 수 없었다. 이대로 차라리 눈을 뜨지 않았으면 좋겠다 싶은 고통이 밀려왔다. 고통 속에서도 아이는 어떤지 걱정이 되었다.

아이는 수술이 잘 되었다고 했다. '다행이구나' 싶은 동시에 정신을 잃고 싶을 만큼의 고통이 밀려왔다. 일어나 앉을 수도 누울 수도 없는 시간이었다. 그러나 고통은 시간이 지나면서 점차 나아지고 일어나서 걸을 수 있을 때쯤 퇴원했다. 아이는 경과 관찰이 필요해 며칠 더 오래 입원한다고 했다. 아이의 병실을 찾아가 잘 회복하라고 안아주고 퇴원해서 집으로 왔다. 이제 나에게 남은 것도 잘 회복하는 것뿐이었다. 하루이틀은 괜찮은 것 같았다. 하지만 시간이 지날수록 일어나 앉는 것조차 힘들고 물 한 모금 떠 마실 기운도 없이 힘들었다. 먹어야 한다고 하는데 죽 한 숟가락 넘기기가 힘들었다.

고통의 시간이었다. 통증으로 점철된 시간이었다. 남편이 아이의 간병을 위해 병원에 있는 동안 나는 매일 밤 혼자 울었다. 꺽꺽 참을 수 없도록 눈물이 흘렀다. 수술 전에는 모든 상황을 담담하게 받아들일 수 있었는데 수술을 마치고 집으로 돌아와 있으니 이런 상황이 우리 가족에게 생긴 것이 이제서야 원망스럽고 또 원망스러웠다. 도대체 왜 아무 잘못도 없는 내 아이에게 이런 가혹한 일이 생기는 것인지 화가 나고 절망스러웠다. 수술의 통증도 이루 말할 수 없이 힘들었지만 고통스러운 현실이 원망스럽고 화가 났다. 열심히 살았는데 왜 우리 가족에게 가혹한 벌을 주시는지, 받아야 할 벌이 더 남아 있는 것인지 목 놓아 울며 반문하는 날들이 계속되었다.

  퇴원하고 나면 회복 기간에 주어지는 시간 동안 평소 바빠서 못 해 왔던 일들을 하려고 계획을 세웠었다. 그런데 통증으로 아무것도 할 수가 없었다. 멍하니 누워 두 눈을 데굴데굴 굴리며 천장을 바라보는 일 외에는 아무것도 할 수가 없었다. 그러다 어느 순간은 눈물이 주르륵 흘렀고 어느 순간은 잠이 들었고 어느 순간은 통증으로 뒤척이다 잠에서 깨어 불면의 밤을 보내기도 했다.

  잠들 수 없는 밤, 휴대폰을 들었다가 이내 내려놓았다. SNS 세상에서는 나만 빼고 모두 행복해 보였다. 나만 이 악몽 같은 시간을 보내고 있는 것 같았다. 휴대폰을 덮었다. 메신저 대화도 끊었다. 철저히 고립되고 싶었다. 나만 불행한 모습을 감추고 싶었다. 또 눈물이 흘렀다. 유독 힘들었던 시간들이 있었다. 이제서야 힘든 일에 종지부를 찍고 나아지나 했는데 불행의 끝은 없는 것일까? 마치 시지프스의 형벌처럼 이 불행의 끝이 없을까 두려운 마음과 통증으로 머리를 움켜쥐고 밤을 지새우기 일쑤였다.

어려운 수술에 회복이 너무 순조로우면 긴장이 풀어질까 그랬는지 아이는 회복을 잘하다가 한차례 위기를 겪고 눈물바람을 했다. 새 삶을 꿈꾸며 날갯짓을 하다가 날개를 떨군 아이가 너무 안타깝고 속상했지만 다행히도 아이는 잘 이겨내고 퇴원을 했다. 퇴원한 아이의 컨디션은 좋았다. 너무 다행이었다. 엄마인 내가 힘들어하는 모습에 행여나 아이가 자책을 할까 방문을 닫고 소리 죽여 울었다. 그렇지만 아이는 엄마의 상태가 심상치 않음을 이내 알아버렸다. 회복이 빨라 컨디션이 괜찮았던 아이도 급격히 컨디션이 다운되는 것이 눈에 보였다. 같은 공간에 있는 것이 오히려 서로에게 독이 될 수 있겠구나 싶었다.

남편에게 아이 케어를 부탁하고 혼자 떨어져 요양할 수 있는 곳을 찾아갔다. 아무도 없는 곳에 몸을 누이고 눈을 뜨면 억지로라도 먹었다. 잠이 오면 자고 잠에서 깨면 멍하니 창 밖을 바라보기도 하고 기운이 나면 나가서 산책을 하면서 시간을 보냈다. 앞으로 어떻게 할까 뭘 하지 따위의 생각은 던져버리고 몸을 누이고 통증으로 뒤덮인 몸을 어루만지며 시간을 보냈다.

   다른 공여자의 경험을 보니 나처럼 심한 통증에 두드러기 등등으로 고생하는 사람이 적지는 않은 것 같았다. 나만 그런 것이 아니라는 사실에 위안도 되면서 시간이 지나면 다 나아진다는 희망도 생겼다. 몸에 붙어 있는 것만 같은 이 통증도 사라지는 날이 오기는 하겠구나. 이 또한 다 지나가리라는 말은 모든 힘든 상황에 적용이 되는 말이었다.

   통증과 눈물의 악몽 같은 고통의 시간이 흘러 어느새 3주가 지났다. 맞다. 시간이 약이었다. 진통제를 한 움큼 털어 넣으며 하루하루를 버텨 내다보니 시간은 갔고 컨디션은 조금씩 나아졌다. 오로지 살아야겠다는 마음으로 하루 세 끼를 잘 챙겨 먹었더니 체중은 46kg에서 48kg까지 차차 올라갔다. 컨디션이 올라오기는 했지만 울컥 눈물이 나고 엄마의 메시지나 아빠의 목소리에도 눈시울이 뜨거워졌다. 살면서 나쁜 마음을 먹어 본 적이 없는데 왜 이런 큰 형벌을 주시는 걸까? 너무나 가혹했다. 차라리 혼자 받는 형벌이면 모를까, 사랑하는 아이에게까지 주어지는 고통의 시간이 더욱더 가혹하다는 생각에 세상이 원망스러웠다.

상상도 못했던 힘든 일을 겪으면서 그간의 내가 사라져 버린 것 같았다. 모든 일에 열심이던 나는 이제 없고 마치 누군가 '정지' 버튼을 눌러 둔 것처럼 내 삶이 이대로 멈춰 버린 것 같았다. 아무것도 할 수가 없는 시간의 연속이었다. 불행한 일이지만 이미 일어난 일, 받아들이고 극복했다고 생각했는데 뒤늦게 생기는 부정과 분노의 감정에 당황스러웠다.

'나는 어떻게 해야 할까? 아니, 무엇을 해야 할까?'

통증이 줄어드니 복잡한 생각들이 머릿속을 휘젓고 다녔다. 의지와 노력만으로 감내할 수 없는 불행한 일들이 꼬리에 꼬리를 물고 다시 찾아올까 두렵고 불안하여 숨고 싶다는 생각만이 가득했다. 머리를 땅에 쳐 박고 안전한 줄 아는 꿩처럼 두 눈을 가리고 아무것도 보지 않으며 안전할 것이라고 믿고 싶었다.

문득 엄마 생각이 났다. 나는 3월에 태어났는데 주민등록상 생일은 5월이다. 꽃샘추위가 채 가시지 않은 3월에 2.19kg 로 작게 태어난 나는 인큐베이터에 들어가야 할 상황이었다. 당시 스무 살의 어린 엄마는 형편이 좋지 않아 나를 인큐베이터에 맡길 병원비가 없어 울면서 작은 아기를 이불에 싸서 집으로 데리고 왔다고 하셨다.

궁여지책으로 벽에 담요를 두르고 나를 돌보셨는데 너무 작고 아프기까지 해서 금방이라도 하늘로 떠날 것 같아 출생신고를 바로 할 수 없었다고 하셨다. 매서운 찬 바람이 불던 꽃샘추위를 지나고 꽃피는 봄이 올 때까지 나는 강한 생명력으로 살아나 백일을 맞이할 수 있었다. 어린 엄마는 딸이 백일을 넘기고 나서야 이제 살겠구나 싶어서 출생신고를 할 수 있었다고 하셨다. 그렇게 생일은 5월이 되었다.

옛날의 엄마가 혼신의 힘을 다해 어린 나를 살렸듯 나도 오로지 아이를 구하고자 하는 마음뿐이었다. 그래, 그럼 된 거 아닐까? 아이는 회복하고 있고 나 또한 힘든 시간이었지만 늘 그랬던 것처럼 잘 극복해 나갈 것이다. 추운 겨울이 지나고 따뜻한 봄이 다시 오는 것처럼 말이다.

Part 2

열심히 일한 게 죄는 아니잖아?

쎈 언니도 아프다

대상포진

(날씬병아리)

어쩌다 보니 커리어우먼

나이 오십을 앞두고 지난 25년간의 사회생활을 뒤돌아본다. 내가 대학을 졸업할 때는 미국이든 영국이든 어학 연수를 다녀오는 것이 최고의 유행으로 가장 핫한 트렌드였다. 일명 '오렌지족'이 압구정동 언저리에 외제차로 '야타'를 시전하던 굉장히 오래전 시대를 말한다. 지금은 AI와 Chat GPT가 세상을 움직이고 있지만, 당시에는 인터넷이 대중의 삶에 들어오기 전이었다. 사실 지금은 '시조새' 격인 'Netscape

Navigator'가 인터넷 브라우저였을 때니 말 다했다.

 구구절절 옛 시절을 늘어놓는 이유는 단 하나다. 내가 회사를 다닐 때는 '인류 평화에 기여한다'는 거창하며 추상적인 목표보다는 좀 더 명확하고 현실적인 동시에 개인적인 목표가 있었다. '미래의 내 딸이 사회에서 더 인정받고 남녀평등에 한 발짝 더 진화한 사회를 만드는데 일조한다'였다. 그도 그럴 것이, 당시에는 여자 직원들이 대기업에서조차 서무 업무 등 제한된 영역에서만 역할을 할 수 있었다. '서무 업무'라는 용어조차 생경하지 않은가?

 때는 1997년 말, 한국은 IMF라는 거대한 폭풍에 휘청이고 있었다. 나는 1년 동안 미국 어학 연수를 다녀온 후 1998년 2월에 졸업했다. IMF 이전에는 현재의 무시무시한 취업 경쟁은 전혀 찾아 볼 수 없었다. 서울의 소위 상위권 대학을 다니면 무려 4학년 때부터 취업 준비를 해도 큰 무리가 없을 정도로 취업은 그 당시에는 큰 장벽이 아니었다. 물론 IMF로 조금 더 어려웠던 것은 사실이지만, 지금의 젊은이들처럼 스펙을 위해 청춘을 통째로 저당 잡히고 메마른 20대를 살아가는 것과는 천지 차이였다.

  정확히 두 번째로 지원한 대기업 그룹 면접에서 합격한 후, 나의 직장 생활은 IMF 소용돌이 속에서도 무난히 시작하는 듯했다. 그러나 신문 방송학 전공자로서 동시에 국내 굴지 대기업 IT 회사의 '프로그래머'로서 혼돈의 1년을 겪었다. 나는 원점부터 다시 취업의 문을 두드리고 그 당시 한국 지사를 설립하는 유럽 외국계 패션 회사에 발을 내디뎠다. 지금 돌아보면 첫 번째 대기업도 '신문방송학과'라는 전공과는 무관한 곳이었고, 두 번째 외국계 회사도 역시 전공과 교집합을 찾기 어려운 곳이었다. 이렇듯 특별히 목표한 바 없지만 여차저차 흘러가듯 시작된 나의 커리어는 그 후로 수많은 유럽 출장과 함께 20대를 불태우며 시작되었다. 3년 후, 다른 유럽 럭셔리 시계 보석 회사로 옮기며 2막을 열었다. 그 후 또 다른 메가 혹은 자이언트급 프랑스 럭셔리 회사로 옮기며, 1990년대 말부터 2020년대까지 청담동으로 대표되는 한국의 럭셔리 비즈니스와 한 배를 타고 순항했다.

  코로나 이전까지 청담동의 럭셔리 브랜드 플래그십 스토

어로 가득 찬 거리는 신세계 백화점, 롯데 백화점, 현대 백화점, 갤러리아 백화점 그리고 롯데 면세점, 신라 면세점들과 함께 성장했다. 익히 알다시피 한국은 '명품'에 대한 욕구가 넘쳐 났다. 어느 시기에는 과도하게 명품에 대한 욕망이 폭발했다. 20대부터 40~50대를 아우르는 각기 다른 모든 세대들이, 그들 각각의 경제적인 그릇 및 인생의 사이클과 궤를 같이하며 '남에게 보여주기식 소비'로 한국인의 특성을 규정짓기까지 했다.

일본의 명품 소비 흐름을 뒤따라가던 한국의 명품 역사는 2000년대 중후반에 이르러서는 젊은 세대들의 소비력 증가로 한국을 더욱 매력적인 시장으로 부상하게 했다. 전 세계 최고급 명품 브랜드들 모두를 통틀어도 한국은 매출 순위 3~4위 안에 자리 잡고 있었고, 2010년대 중후반부터는 중국인들이 명품에 눈을 뜨기 시작하면서 한국으로 유입되는 중국인 관광객의 소비력이 전 세계 명품 시장에서 한국의 입지에 한층 힘을 실어 주었다.

이 모든 것의 판세를 뒤흔든 것은 2020년 1월 말 전 세계를 강타한 코로나 바이러스, COVID19였다. 전 세계 누구도 겪지 못했던 감염병 코로나는 폭증하던 여행객의 흐름을 끊어 놓았고, 전 세계 명품 시장의 일정 부분을 차지하던 면세 시장을 거의 전멸 수준으로 만들어 놓았다. 아이러니하게도 코로나로 국경이 막혀 있던 만 2년 반(2020년 1월 말부터 2022년 중반) 동안, 한국의 명품 시장은 마치 모든 고객을 '가두리 양식장'에 가둔 것처럼 국내 백화점 매출 초고속 성장의 기록을 세웠다. '보여주기식' 명품 소비 패턴에서 고급진 여행과 미식 등 '럭셔리한 경험을 소비'하는 단계로 막 진화하려던 럭셔리 산업은 코로나라는 예상치 못한 변수로 인해 국경이 막히면서 여행 및 이동이 불가능해지자, '전통적인 럭셔리 현물 소비'라는 이전 단계로 회귀하며 폭발하게 된 것이다.

베일 뒤에 숨겨진 명품 회사는 어떤 곳일까

2010년대 초까지 나는 싱글이었고, 때는 바야흐로 한국의 명품 업계가 한창 호황의 시작을 달리며, 성장세를 꾀하고 있을 때였다. 시장이 호황이었고 몸담고 있던 브랜드 역시 모든 이들의 사랑을 받던 곳이어서인지 매출에 대한 스트레스는 돌아보니 크지 않았던 것 같다. 어려운 보릿고개 시기이든, 한국의 초고속 경제 성장기이든 어디에서나 회사 생활은 녹록지 않았고, 그 근원에는 모두 인간관계의 어려움이 깊숙이 자리 잡고 있지 않았던가?

미래의 내 딸에게 더 희망적이고 여성에게 우호적인 한국 사회를 만드는 데 일조하기 위한 '일에 임하는 나의 자세' 관점에서 보면, '적당히 무난하게 그리고 평탄한 직장 생활을 했다고 할 수 있으려나?'라는 생각도 든다. 하지만 세세히 들여다보면 '럭셔리'라는 울트라 여초 집단에서 소위 '기가 쎈 언니들'과의 매일매일이 진 빠지는 일상이었다. 어릴 때는 잘 몰랐으나, 어느 집단에서든 소위 '야망의 불꽃녀'는 있었고, 그들은 순진한 나와 같은 '평민들'이 생각하는 자세로 일에 임하지 않았고, '야망'을 이루기 위해 얼기설기 엮어 놓은 그들만의 계획대로 움직이고 있었다는 것을 내 나이 서른 중반이 넘어서야 알게 되었다. 나라는 인간은 이 얼마나 순수했던가?

명품, 럭셔리에 대한 사람들의 오해 혹은 잘못된 선망이 있을 수 있다. 명품에 관심이 많은 20대, 30~40대 여성은 내가 명품 회사에 다닌다고 하면 파리와 밀라노, 런던을 내 집처럼 드나들고, 세상 우아하게 파워 숄더 재킷에 펜슬 스커트를 입고 12cm 킬힐에 사뿐히 두 발을 의지하면서도 한 손에는 스타벅스를 들고, 영어와 프랑스어로만 회의하는 고상한 하루를 보낸다고 생각하는 경향들이 있었다. 아마도 〈악마는 프라다를 입는다〉라는 영화 속 유명 패션 잡지사 설정이 아닌 일반 외국계 회사 설정이 얹힌 상상으로 보인다.

　반면 남자들의 반응은 거의 정확히 양쪽으로 나뉜다. 명품에 대한 직간접적인 경험이 거의 전무한 남성은 대부분 명품 된장녀와 동일시하는 입장을 취했다. 차라리 누나, 여동생, 엄마, 이모가 명품을 사용, 소비하는 걸 보고 생활에서 익숙한 남자들과 본인이 명품을 사용하는 남자들은 이 밑도 끝도 없는 된장녀 프레임과 굉장히 거리가 멀었다. 필자는 수많은 소개팅에서 이러한 두 부류의 반응을 적나라하게 접해 보았다. 소개팅 자리에서는 오히려 상대방에 대해 사고의 유연성 아니면 적어도 앞으로 유연해질 수 있을지를 가늠해 보는 좋은 기준이 되기도 했다.

밖에서 보는 '명품 회사'와 달리, 내부는 치열하다. 여타 회사와 같이 각자의 퍼포먼스가 '세일즈'라는 숫자로 부각되기 때문에 근본은 다를 바 없으나, 일반 직종보다 개개인의 평가에 영향을 줄 수 있는 변수가 많은 편인 것은 인정한다. 예를 들어 수도 없이 방문하는 브랜드 본사의 고위 임원들의 눈에 들기 위해 영어, 프랑스어를 총동원하여 서울 북촌, 이태원, 남산 투어부터 다국적 언어로 순회하는 것은 기본 중의 기본이다. 중간중간 본인과 팀의 성과를 자연스럽게 한국 전통 문화 소개와 어우러지게 어필하는 적절한 기술도 필요하다. 가라오케에서 눈도장을 받기 위해 만국민의 흥을 올리는데 필수 불가결한 알코올 접대까지 하다 보면, 굉장히 세련되면서도 더 처절한 아이러니를 맛보게 된다. 많게는 몇십 명을 대상으로 하는 투어 라운드를 1년에 십여 차례 돌다 보면 아예 레파토리와 매뉴얼까지 생긴다. 긴 투어의 마무리는 진한 알코올의 더께와 함께 12cm 킬힐에서 한시바삐 내려오고 싶다는 자괴감으로 끝맺음된다. 다음 날 8시부터 시작되는 호텔 조찬 미팅에서는 오늘의 올라운더 엔터테이너의 모습과는 180도 다른 명석한 인상을 남겨야 하니, 킬힐에서 내려오면 새벽까지 내일의 미팅 내용과 수많은 숫자의 실적 정리를 달러와 유로로 각기 따로 점검해야 한다.

이러한 일정에서 팀플레이란 없다. 모두 다 개인 플레이어들이고, 상대방의 실수는 바로 나의 기회이다. 누가 더 우아하면서도 흥 넘치게 엔터테이너의 자질을 보여 주면서도, 세상 스마트한 비지니스 우먼으로도 각인될 것인지 총성 없는 전쟁인 것이다.

비단 브랜드 본사의 임원 방문뿐만 아니라 한국 본사의 사장이 외국인일 경우, 매일매일이 각개전투의 연속이다. 이 경우는 일상이 곧 장기전이기 때문에 '항상성'과 '위기 관리 능력'이 무엇보다 필요하다. 섣불리 몇 달 안에 정해진 목표에 도달하겠다고 계획을 세운다면 오산이다.

대부분의 인원들이 소위 '쎈캐', '쎈 언니들'이기 때문에 누더기가 된 속내를 쉽게 얘기할 상대도 없다. 영어를 할 때도 한국어를 할 때도 안면 근육은 항상 '스마일'을 장착해야 하고, 속 깊은 내용이나 감정 섞인 내용은 절대 회사 문을 나서기 전까지는 금물이다. 엄밀히 말하면 회사 정문 기준이 아니라 회사가 있는 영역 반경을 벗어나기 전까지다. 예를 들면 회사가 광화문, 종로라면 적어도 강은 건너가야 안전지대이다. 대부분의 럭셔리 외국계 회사는 청담동, 압구정, 도산 공원 근방에 포진해 있기 때문에 이 지역에서는 옷 매무새도 흐트러지면 안 된다. 서울 시내 백화점이나 면세점에서는 이곳이 회사의 연장선이기 때문에 항상 'switch on' 모드가 되어야 한다.

갑자기 찾아 온 너

1년 차 IT 대기업 신입이 전격적으로 '럭셔리'라는 미지의 영역으로 진로를 바꾸고, 전혀 생각지 못했던 일을 하며, 인생 최대의 재미가 일이 되는 무아지경을 즐기기도 했다. 이런 10여 년간을 뒤로 하고, 30대 중반의 '대한민국, 싱글 여성'으로 갑자기 현타를 직면했다.

왠지 모르게 더 늦지 않게 무언가 대단한 커리어를 위해 나도 저 머리에 꽃을 단 '야망의 불꽃녀'들처럼 정진하던지, 늦었지만 인생의 짝을 만나는 데 정진해야 할지 갈피를 못 잡고 있었다. 주위를 둘러보니 괜찮은 남자는, 그중에서 싱글 남자는 남아 나지 않은 상태였고, 괜찮은 남자는 갑자기 하늘에서 뚝 떨어지지 않았기에, 일단 커리어에서 한숨 쉬어 가며, 결혼이라는 인생의 큰 계기가 될 만한 전환을 도모하기로 했다.

무엇보다도 지금과는 다른 국면을 만들어야 청춘 사업에 박차를 가할 수 있겠다 싶어서 시간적으로 여유가 있을 것이라 예상되는 회사로 이직을 도모했다. 목표했던 이직은 성사되었으나, 10여 년 만에 이직이었던지라, 환경의 '변화'만으로도 적응에 꽤 많은 에너지가 소모되었다.

회사라는 곳이 '친한 언니, 동생들과 알콩달콩 수다 떨러 가는 곳'이 아닌지라 적잖이 가면을 써야 할 때도 있고, 여우 주연상 뺨치는 연기를 해야 할 때도 있지 않나. 새로운 환경과 새로운 업무, 새로운 보스 등 10여 년만의 이직에서 오는 무게의 가속도가 매일 더해졌다. 어깨에 큰 곰인형을 얹은 듯한 야근의 퍼레이드를 이어 가고 있던 나날들이었다. 때는 바야흐로 가을. 살랑대는 가을밤 공기를 가르며 한강 공원에서 편의점 라면과 맥주를 마셔도 모자랄 청명한 날씨에 몇 주 동안 내리 야근 당첨이었다.

1년 간의 한국 지사의 사업 계획을 총망라하여 어마어마한 마케팅 프로모션 광고 비용 등을 상품별로, 용도별로 집행 계획하고 그에 대한 예상 매출까지 연계 작성하는 터라, 눈은 여차하면 모니터를 뚫고 들어갈 것만 같았고 어깨는 항상 거북목이었다. 수십 개의 엑셀과 파워포인트 파일들을 모니터에 띄워 놓고 몇백억 규모의 예산을 한화로, 달러로 그리고 유로로 맞추며 일하던 나날들이었다.

　비즈니스 플랜 마감 1주일 전 왼쪽 눈에 다래끼가 난 것 같아, 샌드위치로 점심을 급히 때우고 안과에 갔더니 선하게 생긴 서른 중반의 안과 선생님이 다래끼 약을 처방해 주었다. 하루 반 정도 지나고 나도 다래끼는 영 호전되지 않고, 뭔가 모를 불편함만이 더 묵직하게 눈가에 내려앉았다. 이미 발병 3일 차에 다시 한번 그 안과에 가서 불편함을 호소하니 다른 병원을 가 보라며 신경 통증 외과를 추천해 주었다.

"신경 통증 외과라니 왜요?"
라고 물을 수밖에 없었다.

'대상포진일 가능성이 있다'는 답변을 받은 나는 '아… 다래끼가 아닌데, 만 이틀 동안 삽질을 한 건가?'라는 1차 충격을 받았다. 결과적으로 두 번째 가능성은 맞는 진단이었고, 최초 발병 3일 차부터 작은 수포가 몽글몽글 올라오기 시작했다. 간지럽기도 하고 통증 부위에 무언가가 기어 다니는 것 같기도 한 오묘한 통증이 점차 찌릿찌릿한 신경 통증으로 옮겨 갔다. 4일 차에는 수포가 발진처럼 커지고 부풀어 오르는 단계로 발전했다. 불행 중 다행으로 대상 포진의 큰 괴로움 중의 하나인 가려움과 신경 통증은 나를 극한의 고통까지 몰아가지는 않았다. 대신 수포는 무슨 SF 영화에서나 보는 큰 화상을 당한 괴물처럼 눈 주위를 둘러싸고 번져 나가서 스스로 거울을 보기가 두려울 정도였다. 전염의 위험성도 있고, 외출이나 사회생활을 할 수 없는 외관으로 이미 변했기 때문에 비지니스 플랜 제출 마감을 3~4일 앞두고 휴가를 냈다. 아니 낼 수밖에 없었다. 입사 1년 미만이어서 휴가도 많지 않던 때였지만 '뭐 별 수 있나. 사람이 아픈데.' 아니 '사람의 몰골이 아닌데.' 아침저녁으로 먹고, 자는 것만 반복하고 처방받은 약을 먹으니 차차 SF 괴물의 몰골도 인간의 모습으로 회복되어 갔다. 역시 '먹고 자고 쉬기'

이 방법은 만병통치에 필수 불가결한 치료법인 것 같다.

    회사 일 즉, 사업 계획서는 '나 하나 없어도 아무 문제 없이 자~알 돌아갔다'는 만고의 진리와 함께 성공적으로 제출되었다. 이 글을 읽지 않아도 아실 분들은 다 아시겠지. 그 당시 나만 몰랐을 뿐…….

    당시 두 번째 신경 통증 외과 의사는 "자칫 늦었으면 실명까지는 아니지만, 눈이라 위험할 수 있었다."고 대뜸 겁을 주었다. 난들 다래끼인 줄 알았지 대상포진일 줄 일반인이 알 턱이 있었을까. 약간의 의학 상식이 필요한 이유를 몸소 실감한 경험이었다. '나는 뭐 그다지 안 필요할 거 같아.'라고 생각했던 '기본적인 그리고 얇지만 넓은' 병에 대한 상식이 정말 나에게도 필요했던 거였다. 스스로가 어느 정도는 가늠할 수 있는 병에 대한 상식이 있다는 게, '기본적인 방어막 역할을 한다'고나 할까?

    병은 항상 가장 약한 곳을 집중 공략하고 족집게처럼 그곳으로 직진하여 침투한다. 30대 중반의 스트레스와 피로의 복합체 덩어리가 내 몸의 가장 약한 곳을 거침없이 공격한 것이라는 것이 지나고 나니 명확해진다.

'면역력'. 흔히들 말하는 면역력이 약해지자 내 몸 중 가장 나약한 부위를 향해 곧바로 돌진했다. 인체의 신비를 대상 포진을 겪으며 몸으로 배웠다. 나이가 들수록 약한 곳을 더 돌봐야 하고, 신호가 올 때면, 내 몸이 보내는 신호에 귀를 기울여야 한다. 그 신호에 몸이 먼저 반응하기 전에 내가 알아차려야 하고, 그래야만 약한 부위가 공격당하기 전에 먼저 추스를 수 있다.

육아 휴직이 가능할까?

나이 마흔에 결혼하고, 늦은 나이지만 감사하게도 어렵지 않게 딸아이를 출산했다. 임신과 출산에 이르는 그 과정을 수월하게 보낸 것은 정말이지 너무나도 감사한 일이었다. 나이 들어서 출산하게 된지라, 나와 남편 모두 4형제의 막내로서 이미 70대를 훌쩍 넘긴 양가 부모님들의 육아 도움을 받을 수 있는 상황이 아니었다. 워킹맘으로서 복 중의 복은 '도우미 복'이라는 말도 있는데, 3주간의 조리원 퇴소 후에 맞이한 한국인 입주 이모님은 나에게 큰 복으로 다가왔고,

이모님은 내 인생의 전성기와 같이 가장 안정적인 4년을 함께했다. 아이는 신생아 때부터 잠투정이 많지 않고 크게 아픈 적 없이 수월한 편이었다. 무엇보다도 입주 이모님이 아이와 함께 평일에 잠을 잤기 때문에, 출산 4개월 후 복직하고 나서도 전혀 어려움 없이 업무에 적응할 수 있었다.

 내가 '야망의 불꽃녀'들에게 뒤통수를 맞으며 뒷목 잡는 등 크고 작은 어려움 속에서도 일을 놓지 않고 계속하도록 자극이 되었던 그리고 내 일에 임하는 나만의 근본적인 자세인 '내 딸에게 여성 친화적인 한국 사회를 물려 주기 위해서.'라는 모토에 웃지 못할 에피소드가 하나 있다.
 내가 출산했던 2010년 대 중반은 보수적인 한국 기업도 아닌, 굉장히 진보적인 거대 외국계 럭셔리 유통 회사조차 육아 휴직에 대해 관대하지 않은 시대였다. '노동 유연성'이 현실적인 제약이었던가… 법으로 보장된 1년간의 육아 휴직은 당시에는 말로만 존재하던 법이었다. 차츰 국내 Top 5 대기업에서는 1년 육아 휴직 활성화가 시작되고 있던 때였지만, 내가 당시 다녔던 회사의 HR 임원조차도 이런 망언을 업무적으로나, 사회적으로 일말의 양심 가책 없이 내뱉을 수 있던 미개의 시대였다.

"육아 휴직은 아이 똥구멍이 막혀서 태어나는 경우가 아니면 낼 수 없잖아. 안 그래?"

이 얼마나 잔인한 예시인지 지금 생각하면 욕지거리가 나올 것 같다.

그 후로 럭셔리 브랜드의 백화점과 면세점 매장('부티크' 또는 '스토어'라고 칭하는 세일즈 현장)에서 근무하는 세일즈 여직원들이 너도나도 육아 휴직을 사용하면서 길을 터줌으로써, 분위기가 유연해졌다. 그 다음 단계로 각 브랜드의 한국 지사에 소속된(세일즈 플로어·매장에서 일하지 않는 본사의) 수많은 여성 직원들이 육아 휴직을 당연한 권리로 사용하게 된 지는 놀랍게도 지금으로부터 불과 5~6여 년밖에 되지 않은 일이다.

워킹맘도 성공하는 세상을 꿈꾸며

여초 집단에서는 이런 우스갯소리가 있다. 한 조직에서 최종 가장 높은 자리에 오르는 여자는 두 종류이다. 하나는

'미혼 싱글 여성', 두 번째는 '아이가 있는 여성이지만, 육아를 친정엄마 또는 시어머니가 전담해 주는 여성'이라는 웃지 못할 얘기이다.

아직도 한국 사회에서 일하는 여성으로서 삶은 고달프다. 직장에서의 나, 엄마로서의 나, 아내로서의 나, 나아가 친정에서는 딸로서의 나, 그리고 가장 애증의 관계인 며느리로서의 나. 이 모든 역할을 1년 365일, 하루 24시간을 쪼개서 '나'를 갈아 넣으면서 산다. 대부분의 시간을 하나의 역할로만 사는 대다수의 한국 남성들과의 경쟁에서 워킹맘이 선전하기에는 절대적으로 어려운 기울어진 운동장이다.

그러나 기억하자. 나를 챙기는 것은 내가 먼저! 내 몸 아끼지 않고 갈아 넣는 것은 이제 그만! 나를 가장 소중히 여겨야 하는 것은 바로 나이니까. 내 몸의 이상 징후가 저기 저 너머에서 스멀스멀 손짓한다면 당장 멈춰 서자. 적어도 이 징후에 귀를 기울이고 나를 돌아보자. 그러려면 평상시에 병에 대해서도 관심을 가지고, 건강에 대해서도 자만하지 말고 신경 쓰는 중년이 되어야, 행복한 노년으로 가는 디딤돌이 될 것이다.

아프지만 오늘도
멋 부리고 놀러갑니다

직장암

(타임투어)

내가 암이라니

나는 눈앞의 길을 따라 그저 어슬렁어슬렁 걸어가고 있었다. 어떤 사람들은 전력 질주를 하기도 하고, 조깅을 하기도 하고 또 누구는 마라톤을 하고 있었지만 나는 그냥 유유자적 산책을 하듯이 걸어가는 삶을 살고 있었다. 스스로 여유롭다고 생각했고 아등바등하지 않는다고 생각했고 낙천적이라고 생각했다. 그 과정이 늘 평탄한 것도 아니었고, 뭐든지 다 쉽게 해낸 것도 아니었다. 하지만 사랑스러운 아이들과 가끔 싸우기는 해도 적당히 사이 좋은 남편과 함께 이 정도면 빠르지도 느리지도 않은, 나에게 딱 맞는 속도로 적당하게 살고 있다고 생각했다. "○○○님, 당장 병원에 오셔야 할 것 같아요." 이 전화를 받기 전까지는.

사실 전화를 받고서야 갑자기 불안해진 건 아니었다. 언젠가부터 내 몸이 조금, 아주아주 조금 다르다는 건 느끼고 있었지만 그게 설마 병일 리 없다고 생각하던 중이었다. 주변에 물어보기도 하고 검색도 해보며 불안불안했지만 확인사살을 받기 싫어서였을까 검사를 차일피일 미루고 있었다. 더 이상 미룰 수가 없다는 걸 느끼고 드디어 검사를 받은 날 수면내시경에서 깨어나 비몽사몽 중인 나에게 의사는 덤덤하게 조직검사를 해봐야 알겠지만 암일 수 있다고 통보했다. 그리고 일주일 걸려야 나온다던 조직검사 결과는 이틀 만에 나왔다. 병원은 오늘 당장 오라고, 최대한 빨리 오셔야 할 거 같다며 매우 다급해했다.

"그냥 유선상으로 말씀해 주시면 안 될까요? 제가 회사원이라 지금 당장 갈 여력이 없어요."

"그러시면 내일 아침 최대한 일찍 진료 잡아 드릴 테니 내

일 아침에 오세요."

  전화를 끊고 오만 가지 생각이 들었다. 병원이란 곳이 이렇게 환자의 편의를 봐주는 곳이 아닌데? 뭐지? 싶다 문득 '아, 내가 정말 암인가 정말 심각하고 위중한 그 병인가'까지 생각이 미쳤다. 남편에게 문자를 보냈다. '나 암인가 봐. 내일 병원에 최대한 빨리 오래.', '헉' 남편과 나는 확정된 것은 아무것도 없으니 일단 상황을 보자며 농담 반 진담 반 섞인 얘기를 했다. 아이를 가진 부모들이 늘 그렇듯 나에 대한 이야기는 가볍게 지나가고 오늘 챙길 아이들 스케줄, 이번 주 아이들 스케줄을 얘기하고, 큰애가 공부를 열심히 하지 않는 것에 대해 통탄해하며 늘 노는 것만 좋아하는 둘째에 대해 걱정하며 대화를 마무리했다. 아무 일도 없는 것처럼, 아무 일도 일어나지 않을 것처럼. 난 아직 암 환자가 아니니까. 아무 것도 통보 받은 게 없으니까.

"암이세요."

"…… 이제 어떻게 해야 하나요?"

"대장암은 치료가 표준화되어 집에서 다니기 좋은 병원에 가시면 됩니다."

"음, 저는 그럼 소위 몇 기 이런 건 알 수 있나요?"

"저는 그건 말씀드릴 수가 없어요. 병원 가서 확인해 보세요."

의사한테 딱 잘라 통보는 받았지만 전혀 실감이 나지 않는다. 내가 그 '암'일 정도로 아프다고? 고작 이 정도로 소화 좀 안 되는 게 암이라고? 사람들은 누구나 언제든 약간의 소화불량이 찾아오는 거 아닌가? 내가 일하는 엄마라고 해서 피곤에 찌들어 사는 것도 아니고, 드라마에서 나오는 암 환자들처럼 살이 좍좍 빠지지도 않았는데, 회사도 멀쩡하게 잘 다니고, 건강이 넘치면 넘쳤지 식사량이 조금 줄었다고, 배변이 조금 원활하지 않다고 내가 그렇게나 아프다고? 아마 내가 정말 암 환자라면 난 매우 초기이겠지? 훅훅 치료받고 수술 받고 하면 되겠지?

이런 막연한 마음을 안고 내가 가장 의지하는, 하지만 너무 어린 막내동생에게 문자로 먼저 알렸다. 아마 누군가에게 알리고 아무것도 아닐 거라고 위로받고 싶었던 것 같다.

'나 암이래. 이제 큰 병원에 예약했고 치료받을 거야. 엄마한테는 아직 알리지 마. 병원 가서 얘기 좀 듣고 내가 엄마한테 직접 얘기할게. 너한테는 그냥 내가 너무 막연해서 말하는 거야. 나도 아무 실감이 안 나. 소화 좀 안 되는 게 암일 줄은 몰랐네.'

이렇게 훅 다 쏟아 붓고 나니 왠지 정말 아주 가벼운 암일 거 같은 느낌이 들었다. 주변에 암에 걸렸지만 치료 잘 받고 일상생활 잘하고 있는 사람들도 하나둘 떠올랐다. 나도 할 수 있겠지. 별거 없겠지. 그 사람들도 다 해냈는데 나도 할 수 있을 거야. 항암이 뭔지도 모르겠고 수술이 어떤 건지도 모르지만 난 건강하게 살아왔으니 이 암은 아주 가벼운 암일 거야……

"병원과 멀게 살던 분이시네요. 위치는 4cm 정도로 직장암입니다. 이 암은 1기는 재발률 15%, 2기는 30%, 3기는 50%에요. 일단 주 1회 항암하고 매일 방사선 6주 진행하고 휴지기를 가진 뒤 수술하게 될 겁니다."

바싹 긴장한 나와 달리 시원시원한 담당의의 설명을 듣고, 읽어 볼지는 모르겠지만 쥐어 주는 대장암에 대한 책자를 챙기고, 의례적으로 한다는 CT, pet CT, MRI 등등 건강검진 때 넣을까 말까 하던, 뭘 검사하는 것인지, 뭐에 쓰는 지도 몰랐던 검사들의 예약이 마구마구 잡혔다. 이제 좀 환자 같은가 싶으면서도 아직 대단히 실감은 안 나는 긴가민가한 가운데 두세 달이면 수술을 하게 된다니 눈 딱 감고 할 만한 기분이 든다. 이것이 표준 치료구나. 역시 대한민국은 의료 선진국! 게다가 이런 일정이면 큰아이의 졸업식과 입학식에 전혀 지장없이 함께할 수 있을 것 같아서 내가 운이 좋다는 생각마저 들었다. 이제 치료 방향까지 대충 잡힌 거 같으니 엄마한테도, 회사에도 말해도 될 것 같다. 그리고 그날 건강보험공단에서 문자를 받았다. '당신은 암 환자이시므로 5년간 산정 특례를 받으셔서 치료비의 5%만 부담하게 됩니다.'라는 안내 문자. '와, 대한민국 좋은 나라네, 내가 낸 세금을 드디어 이렇게 돌려받게 되는 구나, 아픈 게 꼭 나쁘지만은 않은가 봐.' 이런 농담도 할 여유가 조금 생기려고 했다.

하지만 암은 나의 섣부른 기대만큼 쉬운 병이 아니었다. 어쩐지. 처음 명쾌하고 딱 떨어지는 설명과 달리 나는 1기나

2기 환자가 아니었다. CT 검사 결과 폐에 전이가 되었단다. 전이가 뭘까 도대체. 암이 내 몸을 한 바퀴 다 돌았다고 한다. 나도 모르는 사이에 이 암은 도대체 무슨 짓을 하고 다닌 걸까. 폐암 환자라면 기침이라도 좀 해야 하는 거 아닌가라는 어설픈 질문은 해 볼 시간도 없이 절차대로 치료 방법이 달라졌다. 이 와중에 처음 하기로 했던, 그러나 결국 미뤄진 방사선 치료를 위해 만난 의사는 너무나 정이 많고 다정한 사람이었는데 이 사람의 한마디에 참고 참았던 뭔가가 터졌다.

"꼭 항암 잘 받으셔서 저를 다시 만날 수 있으면 좋겠어요."

뭐라고? 내가 도대체 얼마나 심각한 상황이길래 이 사람은 이렇게 걱정스럽고 안쓰러운 표정으로 이런 말을 하는 건가. 이 사람을 다시는 못 만날 수도 있는 건가.

"제 상황이 그렇게까지 심각한가요?"

라는 말을 겨우 하고 암 진단을 받은 이후로 참고 참았던 눈물이 펑펑 쏟아졌다. 처음으로 이 암이란 게 죽을 수도 있는 병이라는 생각이 들었다. 방사선 담당 의사는 여전히 걱정스럽고 조심스러운 자세로 이런 상황이 매우 익숙한 듯

휴지를 몇 장 뽑아서 쥐여 주었다. 그래 내가 여기서 운들 뭐가 달라지나.

 아! 나는 드디어 깨달았다. 나는 지금 일어나기 힘들 정도로 철푸덕 넘어졌구나. 돌부리에 걸린 것도 아니고 누가 나를 주저앉히지도 않았는데 어슬렁어슬렁 산책하듯 걸어가던 나도 갑자기 이렇게 그냥 주저앉을 수가 있구나. 사람은 이렇게 아무 예고도 없이 아플 수 있구나. 그런데 사람은 걷든 뛰든 기어가든 계속 앞으로 가야 하는 거 아닌가. 갑자기 이렇게 주저앉으면 내가 이렇게 갑자기 모든 걸 멈추면 어떻게 해야 하는 거지? 아이들은? 남편은? 가족은? 회사는? 나 자신은?

이렇게 환자가 된다

 2022년 연말, 회사는 유동성 부족으로 정신이 없었고, 큰아이는 초등 졸업을 앞두었으며, 나는 암 환자가 되었다. 회사가 힘들거나 말거나 일단 내가 살아야겠다는 생각으로 휴직을 요청했고, 별일 없이 무난하게 반 백수로 환자가 본업인 삶이 시작되었다. 환자의 삶이란 말이 거창해서 그렇지 대단할 게 없었다. 2주에 한 번씩 주사를 맞고, 주사는 2박 3일 동안 투여되며, 2박 3일이 지나면 주사를 빼고 일상생활을 살아가면 된다. 이것이 바로 항암 주사라는 것인데, 항암 주사가 무엇인지, 나에게 어떤 영향을 줄지 전혀 짐작할 수가 없어서 항암 주사를 맞는 동안은 요양병원에 들어가기로 했다. 요양병원에서 지내는 첫 1주일에 난 인생에서 부족했던 잠을 다 몰아 자는 사람처럼 내내 누워서 잠만 잔 것 같다. 2010년 큰아이를 낳은 후로 이런 깊은 잠은 처음 자봤다. 아니다. 아이를 낳기 전까지 다 돌아봐도 이렇게 아무도 나를 깨우지 않고, 내가 챙겨야 할 그 무엇도 없으며 내가 할 일은 오로지 내 한 몸 잘 쉬기만 하면 되는 상황이 내 평생에 있었던가. 기분이 참 묘했다. 늘 농담 반 진담 반으로 워킹맘이 오롯이 쉴 수 있는 두 가지 상황은 출장 가는 비행기 안에 있을 때와 아파서 입원했을 때라고 주장했었는데 지금이 바로 그 아파서 입원했을 때구나. 그것도 이 정도로 이름만 들으면 매우 심각한 병에 걸릴 정도가 되어야 가능한 휴식.

생각보다 나의 초기 투병 생활은 어렵지 않았다. 2주에 한 번씩 입원하고, 두 달에 한 번씩 검사를 받았다. 정말 너무나 다행스럽게도 나는 항암에 크게 영향을 받지 않는 편이었고, 주사를 맞는 기간과 그 직후 하루나 이틀간 조금의 나른함과 약간의 메스꺼움을 느꼈을 뿐 그 외의 시간들은 그냥 건강한 사람들과 다를 바가 없었다. 물론 샤워할 때마다 한 주먹씩 빠지는 머리카락과 줄어드는 몸무게를 느낄 때마다 스스로 내가 정상 컨디션은 아니구나 혹은 항암이란 걸 하고 있는 사람이라고 자각하기는 했지만 초기 환자로서의 삶은 꽤나 편안했다고 말할 수 있을 것 같다. 어느 정도 환자 생활에 적응하고 나서는 그동안 일하느라 시간이 없다고, 아이를 키운다며 바쁘다는 핑계로 못 만났던 사람들을 실컷 만나고, 새로운 인연도 생겼으며, 골프도 신나게 치러 다녔다. 처음에 나의 발병을 안타까워하던 남편이 매일 멀쩡하게 놀러 다니는 내가 보기 싫어질 정도로 인생 처음으로 주어진 온전한 휴가를 즐겼다.

매일 놀러 다니는 가운데 가끔, 자려고 누우면 이렇게 멀쩡한 내가 어떻게 암 환자인 것일까 회의가 들었다. 또, 이렇게 놀러 다니느니 복직하고 싶다는 생각도 했지만 2주 간격의 약 투여 때문에 매번 고민만 하고 그냥 이렇게 사는 수밖에 없겠다고 마음을 다잡았다. 아마도 복직하는 것보다 이렇게 쉬는 게 훨씬 쉽고 편안한 선택이라 그랬을 것이다. 누군가가 나의 병세를 물어볼 때마다 '회사 못 다닐 정도로만 아파요.'라고 대답할 수밖에 없었는데 지금 다시 나와 같은 상황에 놓인 누군가가 나의 조언을 구한다면 휴가를 적절하게 활용하며 회사를 다니는 것도 나쁘지 않으니 최대한 회사에 남아 있으라고 말해줄 것 같다. 그동안 의식하지 못했지만 나는 꽤나 일하는 내 자신을 좋아했던 것 같고, 그래서 정신건강 측면에서는 일을 계속하는 것이 더 도움이 되었을 것이라고 생각한다.

  요양병원에 입원할 때마다 혼자 지내는 일주일이 심심해서 그림도 그려보고, 뜨개질도 하기도 했는데 사람은 적응의 동물인지 결국 그냥 아무것도 하지 않고 멍하니 지내는 시간이 길어졌다. 원래 그다지 TV를 즐기던 사람이 아니었는데도 하루 종일 TV를 틀어 놓게 되었다. 입원 덕분에

2023년 초 엄청나게 인기몰이를 했던 〈더 글로리〉도 밤새워 파트 1과 파트 2를 하루에 끝낼 수 있었다. 환자가 아니었다면 밤새워 드라마를 보는 것은 상상도 할 수 없었지만 환자인 덕분에 해낼 수 있었던 호사라고 생각한다. 주변 사람들은 너는 입원까지 해서 치료를 받는 환자이니 이제 생활 습관도, 식습관도 완전히 바꿔야 한다고 계속 강조했지만 그런 말들이 감사해야 함에도 불구하고 뭔가 듣기가 싫었다. 내가 이렇게 아픈데도 남의 말을 들어야 해? 나는 좀 내 마음대로 살면 안돼? 하는 알 수 없는 보상 심리와 반항심으로 최대한 내가 하고 싶은 대로만 하겠다고 바락바락 외쳤다. 그 외침의 끝에는 늘 의문이 따라왔다. 세상에 나쁜 사람들도 정말 많고, 못된 사람들도 정말 많은데 그 사람들 다 놔두고 왜 내가 암에 걸린 걸까. 나는 뭘 잘못 살았고 남에게 무슨 피해를 끼쳤길래 벌을 받고 있을까. 아무리 머리로는 암은 원인이 있어서 생기는 병이 아니라고, 내가 그냥 운이 없었을 뿐이라고 생각하려 노력해도 가슴속 깊은 곳에서 올라오는 억울함을 누를 수가 없었다. 지금도 여전히 이 의문은 해결하지 못하고 있다. 암을 극복한 종교인의 책을 읽어도, 유튜브를 봐도, 다른 사람들과 이야기를 해보아도 모르겠다. 나는 왜 아픈 걸까. 언제까지 아픈 걸까.

 어떻게 보면 호사스럽고 어떻게 보면 무기력한 생활이 지겨워질 무렵, 그리고 항암에 아무런 부작용이 거의 없더라도 진심으로 싫어질 즈음, 드디어 혈액종양내과 주치의 교수님은 수술해도 되겠다는 결정을 내려주었다. 수술은 두 번, 원발암(전이가 있는 경우 처음 생긴 암 또는 전이의 원인이 되는 암)을 수술한 뒤 두 달 정도 뒤에 전이암을 수술하기로 했다. 드디어 수술을 하게 되었다는 사실이 너무 기뻤다. 수술하고 나면 회복만 하면 되는 거니까, 수술만 해봐라 정말 열심히 건강 관리하면서 살 거라고 그렇게도 거부하던 남들의 잔소리를 이제는 따르기로 했다. 그런데, 다시 한 번 말하지만 암은 쉬운 병이 아니었다. 그리고 이 수술을 받기 전까지 전신마취를 할 정도로 큰 수술을 받아본 적이 없어서 나는 수술이 나를 얼마나 힘들게 할지 전혀 아무것도 알지 못했다.

수술 당일. 수술을 위해서 몸에 아무것도 지닐 수가 없었는데, 콘택트 렌즈 착용도 금지라고 해서 정말 오랜만에 앞이 아무것도 보이지 않는 채로 수술실로 향했다. 남편이 보호자로서 수술실 앞까지 동행해주었고, 큰아이를 낳고 난 뒤 잡아본 적이 없던 남편의 손을 계속 잡고 갔다. 수술 대기실에는 혼자 있어야 했는데 여전히 앞이 뿌예서 무서운 것도, 긴장도 느끼지 못했던 것 같다. 설마 렌즈를 그래서 빼라고 하는 건가. 의료진의 목소리만 들리는 가운데 마취가 시작되었고, 눈을 감았다. 눈을 다시 떴을 때 병실로 돌아와 있었고, 지독한 통증이 시작됐다. 내가 통증에 강한 사람인지 약한 사람인지 모르겠지만 통증을 참는 것만큼 바보 같은 짓은 없다. 정신력으로 버티고 어쩌고 이런 건 다 덜 아픈 사람들이 하는 소리라고 생각한다. 아프면 진통제를 복용하거나 진통 주사를 맞아야 한다. 그래서 아픔이 조금이라도 느껴지면 진통 주사 버튼을 마구 눌렀다. 마약성 진통제인지 뭔지 관심 없다. 그저 내 아픔을 진정시켜 주기만 하면 무조건 투여했다. 어쨌거나 3일 정도 시간이 지나자 진통제 덕인지 진통 주사 덕인지 아픔은 조금씩 진정되었고, 온몸에 주렁주렁 매달려 있던 각종 관도 하나둘씩 제거되었다. 개복수술을 한 이후 장기가 빨리 자리를 잡기 위해서는 산책이 필수라고 해서 나도 열심히 병동을 여러 바퀴 돌았다. 퇴원 예정일에 무사히 퇴원 결정이 내려지고, 퇴원 후 주의 사항들을 잔뜩 듣고 약들을 바리바리 싸서 8일 만에 집으로 향했다. 그러나 순진한 나의 기대와 달리 한 달 동안 식사 조절 필수, 복대 착용 필수, 산책 필수 등등 주의 사항들을 다 열심히 지켜서 꼭 건강해지겠다는 결심은 2주를 못 넘기고 무너졌다.

아침저녁으로 산책하고, 식사도 잘 해왔던 2주가 기적이었던 것일까? 나는 갑자기 아프기 시작했다. 갑자기 아무것도 먹을 수가 없고, 몸을 일으키기도 힘들었으며, 수면도 엉망이 되었고, 한순간에 일상생활이 힘들어졌다. 둘째를 위한 학원 설명회에 참석하느라 3시간 정도를 의자에 앉아 있었는데 이게 온몸에 무리를 줬던 것일까. 회복하고 있는 것 같던 내 컨디션은 하루 만에 바닥으로 꽂혔다. 이 순간부터 나의 2차 환자 생활이 시작되었다. 이 말도 안 되는 엉망진

창인 상태가 꼬박 한 달은 갔던 것 같다. 제대로 식사를 하지 못하고, 잠도 엉망이 되어 수술 직전 59kg이었던 몸무게가 한순간에 52kg까지 빠졌다. 요즘은 평생 다이어트가 숙원 사업이었는데 이렇게 다이어트에 성공했다고 회상하지만 저 때는 내가 왜 이러지, 수술했는데 나아져야 하는데 왜 이렇게 아프기만 할까 괴롭기만 했다. 네이버에 매우 큰 규모의 암 환자들 본인이나 보호자들이 가입해 있는 카페가 있는데 아파서 누워있는 동안 내가 할 수 있는 일은 이 카페 글을 읽는 것밖에 없었다. 사람 심리가 참 묘한 게 카페 글 중 제일 읽기 싫은 글은 완치되었다는 글이었다. '나는 이렇게 아픈데 저 사람은 이 병을 탈출하는구나. 너무 부럽고, 얄밉다'는 옹졸한 마음이 자꾸 생겼다. 요즘도 이 카페에 자주 접속하지만 여전히 누군가가 완치되었다는 글은 잘 읽지 않는다. 물론 글을 쓰는 사람은 희망을 주려고, 다들 자기처럼 회복될 수 있다고 알려주려고 글을 쓰겠지만 현재진행형 환자인 내 입장에서 그 글들은 차마 읽을 수가 없다. 너무나 자신이 불쌍해져서.

여전히 몸이 힘든 상황에서, 즉 완전하게 회복이 되지 않은 상태에서 두 번째 수술 날이 다가왔다. 수술을 위해 다시 입원하고 사전 교육도 잘 받았다. 폐를 수술하기 때문에 수술하고 중환자실에 들어갈 가능성이 높다고 했다. 중환자실이라는 표현이 무서웠지만 거의 대부분의 폐 수술 환자들이 일단 중환자실에 가게 된다니 심각하게 받아들이지 않기로 했다. 보통 그날의 첫 수술 환자가 되면 운이 좋다고 하던데 나는 운이 좋게도 다음 날 첫 수술 환자라고 했다. 운이 좋은 이유는 수술 시간이 뒤로 배정될수록 앞 수술 때문에 예정 시간보다 훨씬 늦게 수술하게 되는 경우가 많아서라고 한다. 수술 당일, 긴장 속에 나를 데리러 올 누군가를 기다리고 있었다. 그런데 예정 시간이 넘어가도록 아무도 오지 않았다. 간호사실에 문의를 해도 그저 기다리라고만 했다. 9시쯤 수술을 해야 하는 주치의가 나타났다. "수술 못하십니다." 이게 무슨 소리일까. 좀 더 자세히 설명해달라고 했다. 자세한 설명으로 파악한 상황은 어이가 없었다. 원발암 수술을 하고 원래는 항암을 권유받았으나 다음 수술까지 두 달이 조금 안 되는 시간이므로 항암이 의미 없다고 판단했고, 중간에 점검했을 때 약간의 사이즈 변화가 있었으나, 의료진들 사이에 공유되지 않았고, 수술 전날 찍은 엑스레이를 보니 첫 수술과 두 번째 수술 예정일 사이의 시간 동안 작은 결절들이 너무 많이 생겨서 수술할 수 없는 상황이라고 했다. 누군가가 나를 방치한 게 아닐까 하는 생각에 너무 화가 났다. 주치의의 설명으로는 수술했어도 어차피 작은 결절들이 생겼을 거라 항암을 다시 시작하며 사이즈를 줄여나가는 게 맞다고 했으나, 수술 후 항암은 원래 결정되어 있던 것인데도 뭔가 너무 억울했다. 하지만 별 수 있나 억울해도 나는 나를 치료할 능력이 없다. 의료진이 그러라고 하니, 의료진이 그런 게 아니라고 하니 따를 수밖에 없다. 그렇게 나는 다시 퇴원했고, 그 유명한 다발성 폐전이, 고식적 항암 환자가 되었다. 첫 수술이 잡히고 가졌던 완치에 대한 기대가 이렇게 와르르 무너지고 말았다. 애써 몸이 너무 약해져 있어서 지금 만약 수술했으면 내 몸은 더 많이 망가졌을 거라고, 하느님이 더 회복하고 수술하는 게 좋을 거라고 회복할 시간을 주신 거라고 스스로를 달래 보려 했지만 위로가 잘 되지는 않았다. 그냥 다시 무한의 시간 낭비 속으로 들어

가는 수밖에는 별 뾰족한 방법이 없어서 참았을 뿐. 그리고는 완치를 목적으로 하는 치료가 아닌, 생명 연장을 목적으로 하는 고식적 항암으로 치료의 이름이 바뀌면서 나의 병기도 3기에서 4기로 변경되었다.

그놈의 고식적 항암이 시작되고, 나는 이 환자 생활이 지겨워져서 이렇게 살 바에는 일이라도 다시 시작하자며 복직을 결심했다. 회사는 나의 모든 조건들, 2주에 한 번씩 항암을 위한 휴가, 언제일지는 모르지만 수술을 할 가능성 등을 듣고도 흔쾌히 복직을 받아들여줬다. 그런데 아직 복직은 무리라는 신호를 누군가 보내준 걸까. 하필 복직 직전에 독감에 걸렸고, 독감에서 회복되자마자 코로나에 걸렸다. 그래서였을까 복직하고 첫 2주는 내가 왜 복직을 했을까라고 아침마다 후회할 정도로 비몽사몽간에 출퇴근했다. 그래도 출근이 뭐가 그렇게 좋았는지 꾸역꾸역 회사를 나가다 보니 점점 환자이면서 출근하는 생활에 적응해서 가끔 퇴근길에 저녁 약속도 나갈 수 있을 정도로 몸이 나아졌다. 몸이 나아져서 너무 방심을 한 걸까. 이제 좀 살만하다고 느낄 무렵 고식적 항암의 가장 무서운 결과가 나타나고야 말았다. 약에 내성이 생겨 더 이상 약이 듣지 않는다고 했다. 직장암(대장암)은 쓸 수 있는 약의 종류가 많지 않아 직장암 환자들은 내성이 생기는 것을 가장 두려워한다. 나에게도 그 일이 생긴 것이다. 의사는 아직 젊고(암의 세계에서 40대, 50대 초반은 젊은 편임) 체력이 받쳐주니 임상약을 한번 써보자고 했다. 늘 그렇듯 환자는 선택의 여지가 많지 않고, 뭐든 해봐야 할 것 같으므로 나도 임상약 제안을 받아들였다. 내가 참여한 임상약은 실험군과 대조군으로 나뉘어 실험군은 신약을 사용하게 되고 대조군은 주사 투여만 받게 되는데, 이번에도 '운'이 좋아 실험군에 속하게 되었다. 임상약은 경구약으로 2주마다 병원에 가는 게 아닌 3주에 한 번으로 주기도 늘어나고 주사를 맞는 것도 짧게 끝나서 내 입장에서는 더 편안한 치료를 받는 것 같았다. 그러나 세 번째 강조하지만 암은 쉬운 병이 아니다.

2주 정도 임상약을 투여하고 할 만하다는 생각이 들 무렵 아이 친구들과 짧은 여행을 다녀온 후 갑자기 열이 나기 시작했다. 해열제를 먹어도 열이 잡히지 않았다. 감기인가 코로나에 다시 걸렸나 검사를 해봐도 어느 것에도 해당하지 않았다. 열이 오르기 시작한 뒤 얼마 지나지 않아 나는 혼자서 자리에서 일어나기도 힘든 정도가 되었다. 출근은 하지만 책상에 앉아 있을 수가 없어 회사 안 수유실에 하루 종일 쓰러져 있었고, 집에 겨우 기어가면 옷 갈아입을 수도 없이 침대에 쓰러져야만 했다. 하루 출근하고 하루 휴가 쓰고, 이틀 출근하면 삼일 휴가를 쓰며 집과 회사만 왔다 갔다 하는 동안 고열은 점점 심해졌고, 어느 순간부터 똑바로 앉아 있을 수가 없게 되었다. 100m 정도 되는 거리도 걸어갈 수가 없어 두세 번 쉬어 가며 걸어갔고, 무언가 먹을 힘도 없어서 어디서든 그저 누워만 있었다. 병원에 나의 상황을 문의하니 암으로 인한 통증이라며 진통제를 처방해 주었다. 진통제를 먹어도 약기운이 돌 때만 정신이 들 뿐 약기운이 떨어지면 다시 정신을 차릴 수가 없는 상태가 되었다. 샤워를 한다는 게 이렇게나 에너지를 소모하는 일인 줄 몰랐다. 소리를 지르지 않고서는 아무것도 할 기력이 없었다. 샤워할 에너지를 내기 위해 소리 지르면서 샤워를 했다. 밤이 되면 자다가 죽을 것 같아서 혼자 아무도 모르게 죽기 싫어서 남편에게 제발 옆에서 같이 자 달라고 사정했다. 그리고 정신을 잃으면 죽을까 봐 뭐든 자극적인 얘기를 해 달라고 부탁했다. 어르신들이 돌아가실 때가 되면 곡기를 끊는다고 하던데 인생 처음으로 모든 식사가 돌을 씹는 것 같았다. 친정엄마는 식사를 너무 못하는 딸을 끌고 매일 수액을 맞춘다고 동네 병원을 데리고 다녔다. 체중이 급격하게 감소 중이라는 것은 몸무게를 재 보지 않아도 스스로 알 수 있었다. 휴가를 다 써 출근해야 하던 날 결국 나는 회사에서 정신을 놓아 남편이 나를 회사로 데리러 왔고, 너무너무 아파 참을 수가 없어서 엉엉 울며 집으로 갔다. 결국 다시 휴직하게 되었다. 그리고 그 후 고열과 통증의 원인이 밝혀지고 치료를 받게 되기까지의 시간들은 아무것도 기억나지 않는다. 외래 진료를 받기 위해 병원을 가면 주차장에서 진료실까지 도저히 걸어갈 수가 없어서 휠체어를 타고 다녔다. 휠체어에 앉아서도 제대로 앉아 있을 수가 없어서 엎드려 있었다. 점점 강한 진통제를 처방받았고, 진통제가 없으면 대화도 할 수 없는 수준으로 아프게 되었다. 이 와중에 임상약은 전혀 나에게는 효과를 발휘하지 못했고, 임상약을 포기하게 되어 마지막 단계의 약을 사용하기로 했다. 잡히지 않는 고열과 통증은 첫 수술 후 남아 있던 농양이 온몸으로 퍼지게 되면서 생긴 것이라고 의사는 판단했고, 관련한 치료를 받기 시작했다. 고식적 항암을 위한 경구약과 주사, 그리고 농양을 잡기 위한 항생제, 통증을 억제하기 위한 진통제 등 다량의 약을 시간 맞춰 복용하기 시작했다. 온 세상 사람들 중 나를 가장 진정으로 걱정하는 남편과 친정엄마는 마약성 진통제라는 단어가 맘에 안 들었는지 진통제는 웬만하면 먹지 않았으면 좋겠다고 했지만, 진통제 없이는 제대로 된 대화도 할 수 없는 나를 두고 진통제를 먹지 말라는 말이 정말 너무나 미웠다.

약을 때려 부어서일까, 증세에 맞는 약을 처방해줘서였을까, 회사를 안 가고 푹 쉰 것이 도움이 되었을까, 한걸음 걷기도 힘들게 살아가던 어느 순간부터 열이 잡히기 시작했다. 아마 재휴직을 결정하고 두세 달이 지난 후였을 거다. 그리고 드디어 몸무게를 재 보았다. 47kg… 초등학교 이후로 처음 본 몸무게가 아닌가 싶다. 거울 속 내 모습은 퀭한 눈, 근육이라고는 하나도 남아 있지 않은 팔다리, 구부정한 어깨, 이것이 바로 환자구나 싶은 모습이었다. 다만 그저 하루하루 살아가고 있었을 뿐이었는데 늘 진통제 먹을 시간만 기다리던 내가 어느 날부터 의식하지 못한 채 진통제 없이 잠을 자기 시작했다. 진통제 없이 잠을 자기 시작하면서 입맛이 돌아왔다. 입맛이 돌아오며 문득 내가 당장 죽지는 않겠구나라는 생각이 들었다. 그리고 다시 사람들을 만나러, 맛있는 것을 먹으러 외출을 시작했다.

나는 죽어가고 있는가 살아가고 있는가

여전히 4기 직장암 환자로서 치료를 받고 있고, 일상생활을 편안하게 살고 있는 지금은 가끔 궁금하다. 사람은 언젠가는 다 죽는다. 그리고 나도 사람이니 죽을 것이다. 그런데 죽음을 향해 가고 있는 와중에 살아나려고 약을 먹고 있다. 나는 죽어가고 있는 걸까 아니면 살아나고 있는 걸까. 나의 치료는 의사도, 나도, 그 누구도 언제 어떻게 끝이 날지 알 수가 없다. 그저 한 의사가 말해준 이 말에 기댈 뿐이다.

"지금 환자의 상태는 완치를 목표로 할 수는 없어요. 일단 최대한 오래 환자를 살려 두는 게 치료의 목표예요. 약이 어떻게 작용할지 저도 몰라요. 다만 제가 말씀드릴 수 있는 건 세상에 기적은 있고, 저는 그 기적을 자주 봅니다."

이 냉정하고 다정한 말이 그 어떤 말보다 나에게 가장 큰 희망을 주었다. 내가 살아나고 있는 것인지 죽어가고 있는 것인지 나도 알 수는 없지만 어쨌든 나는 살아가야 한다.

대학교 1학년 입학하자마자 배운 교양 영어 첫 단원 제목이 'The show must go on'이었다. 너무 오래되어 정확한 내용은 잘 기억이 안 나지만 매일 공연해야 하는 주인공은 아버지가 돌아가신 날에도 공연을 했다는 내용이었던 것 같다. 새삼스럽지만 이 제목이 아프고 난 후 자주 떠오른다. 당장 어떻게 할 수 있는 게 없는 환자이지만 어쨌든 나는 매일을 살아가고 있다. 죽을 것 같던 상황을 지나가 다시 회사로 돌아왔고, 예전과 달리 아침마다 힘들지 않게 일어나서 잘 출근하고 있다.

아파보니 아픈 사람과 건강한 사람의 가장 큰 차이는 미래에 대한 생각인 것 같다. 아프게 된 후로는 슬프지만 한 달 뒤, 두 달 뒤 나를 생각할 수가 없게 되었다. 예전의 나는 내년의, 내후년의 나에 대한 막연한 계획이 늘 있었다. 1년 달력을 펼쳐놓고 언제 여행을 갈지 계획할 수 있었다. 그런데 지금은 내가 계획을 한들 미래의 내 상태를 알 수가 없어서 장기 계획은 세울 수가 없다. 그래서 늘 마음이 조급하다. 특히 아이들을 생각할 때 내가 언제 아이들과 헤어질지 평균 수준으로 짐작할 수가 없기 때문에 아이들과의 시간이 늘 부족하다고 느낀다. 다른 엄마들처럼 내가 손주를 돌봐줄 수 있을지 없을지 모르고, 손주는 고사하고 아이들이 자라나는 모습을 어디까지 볼 수 있을지 몰라서 늘 불안하고, 같이 있는 시간 동안 최대한 많은 것을 해주고 싶다. 그래서 어쭙잖게 아이들이 나중에 열어볼 일기를 쓰려고 했지만 왠지 이런 행동이 더 나의 시간을 빨리 줄어들게 만들 것 같아서 그만뒀다. 유서 같아서 재수없지 않는가.

   진부한 생각이지만 지금 할 수 있는 것들을 매일 최선을 다해 할 수밖에 없다. 오늘은 어제 죽은 사람이 간절히 원했던 그날이라는 이야기를 자주 듣는다. 아침에 눈을 뜰 수 있음에 감사하고, 하루를 무사히 보냈음에 감사하며 살 수밖에 없다. 더 이상 아프지 않음에 감사하고, 언젠가는 나을 수도 있을지 모른다는 희망을 조금이나마 가질 수 있음에 감사한다.

  암의 치료는 하루하루가 다르다고 한다. 많은 암 생존자들과 의사들이 말하기를 오늘은 없던 약이 내일은 나올 수 있으니 어떻게든 살아만 있으면 치료되는 게 암이라고 한다. 나의 암도 내가 내일까지만 살아 있으면 새로운 치료약이 나올 것이라고 믿는다.

  기약 없는 환자의 삶은 오늘도 내일도 당분간 계속되겠지만, 그저 지병이려니 남들보다 조금 더 심각한 지병을 가진 사람이려니 하고 살아가려고 한다. 회사도 다니고, 여행도 다니고, 아이들에게 숙제하라고 공부하라고 잔소리도 하고, 남편에게 술 줄이라는 잔소리도 하고, 그저 일상을 살아가려고 한다. 배우고 싶던 것도 배우고, 파인다이닝 식당도 신나게 가보고, 좋아하는 사람들과 친구들 자주 만나면서 나의 시간을 즐기려고 한다. 지금 약에 내성이 생길 때까지 열심히 잘 먹고, 다음 약이 있을 거라는 희망을 버리지 않고, 그러다 보면 운 좋게 수술할 수도, 암이 없어질 수도 있을 거다. 행여나 더 안 좋아질 것을 걱정한다면 더더욱 오늘을, 이 순간을 즐기면서 후회 없이 살아야 한다.

  사람들은 잘 놀러 다니고 잘 먹으러 다니는, 게다가 출근까지 다시 시작한 내 모습만 보고 어떻게 그렇게 암 환자인데도 긍정적일 수 있냐 대단하다고 말한다. 응원의 말이고 격려의 말인 걸 나도 잘 알지만 저 말을 들을 때마다 나는 전혀 다른 생각을 한다. 긍정의 화신이기 싫고 그저 그만 아프고 싶다고, 비뚤어지고 못돼도 좋으니 이제는 좀 안 아프고 싶다고 생각한다. 사실 아픈 내가 정말로 지겹다. 그래도 어쩔 수 없다. 그냥 이렇게 삶은 계속된다. 그리고 이렇게 삶이 지속된다면 내가 하고 싶은 대로 살아야지 별 뾰족한 다른 방법이 없다. 그래서 출근도 하고, 놀러 다니기도 하고, 맛있는 것도 먹으러 다닌다. 다시, 나의 속도에 맞춰서 어슬렁어슬렁 걸어간다. 다만 이제는 약간 절름거리면서, 조금 더 많이 쉬어 가면서.

누구도 대답할 수 없는 지금 나의 상황에 대해 큰 아이가 네이버에 올린 질문을 우연히 발견하고 한참을 웃었다. 엄마도, 의사도, 그 누구도 이 질문에 대답해 줄 수 없을 것 같다. 이 모든 것은 확률일 뿐. 아이가 올렸던 질문으로 글을 마무리해 본다.

저희 어머니는 50대십니다. 저희 어머니가 2022년 말에 암 진단을 받으셨습니다. 처음에는 대장암이었지만 폐암까지 같이 생겨서 암 4기 진단을 받으셨다고 합니다. 작년에 대장암은 치료를 완료했고 이제 폐암 치료를 받고 계십니다. 근데 한참 동안 폐암 수술 소식이 안 나옵니다. 항암 치료는 꾸준히 받고 계십니다. 원래는 위치가 좋았는데 위치가 안 좋아졌다고 말씀하시고, 가끔 약을 드시면서 힘들어 하십니다. 그런데 약속도 평소처럼 나가시고 괜찮아 보이셔서 지금 어느 정도로 심각한 건지 모르겠습니다. 암 4기는 생존율도 매우 낮고 생존 기간도 짧다는데 너무 무섭습니다. 어머니를 중학교 2학년 나이에 잃기 싫은데 어머니 완치와 생존 확률은 어떻고 어떤 상태인지 솔직하게 알려주세요.

딱히 이상이 있는 건 아닙니다만

만성 염증의 시작, 출산

(최강임)

띠리리릭, 띠리리릭~

새벽 5시 반, 알람이 여지없이 울린다. 10분 후로 예정된 다음 알람이 제대로 설정되었는지 확인해 보곤, 이내 눈을 감는다. 결국 두 번째 알람 소리에 눈을 뜨고 몸을 일으킨다. 맑은 정신으로 아침을 맞이하고, 침대 밖으로 첫발을 내디딜 때 느껴지는 단단하고도 보송한 감촉. 그 쾌적한 기상이 누구나 누릴 수 있는 혜택이 아님을 잘 알고 있다. 예전 같으면 발을 디딘 순간, 짧은 신음과 함께 움찔하며 잠시 침대에 주저앉아 숨을 고르곤 했을 것이다. 하지만 지금은 속으로 감사를 되뇌며 침실 문을 나선다. 주방 쪽 은은하고 포근한 느낌의 간접등을 켜고 찻물을 올린다. 냉장고를 열어 무엇이 있는지 빠르게 스캔함과 동시에 스마트폰으로 오늘의 일정을 확인한다. 고요한 새벽 정적을 즐기며 그렇게 하루를 시작한다.

"이 상태로 가다간 마비가 올 거예요. 여기 오른쪽으로요."
 목을 잘 움직이기 힘들었다. 어깨가 아파 팔을 들어 올릴 수도 없었다. 휴가로 지방을 방문했을 때, 급히 찾은 통증의학과였다. 지칠 대로 지친 외지인에게 협박처럼 들리는 진료 방식이었지만, 의사는 엉덩이도 팔도 아닌 어깨를 덥석 부여잡고, 근육 주사를 놓았다. 상당히 굵게 느껴졌던 바늘의 통증이 어깨로 전해졌다. 겨울 내내 얼어붙었던 땅에 따스한 기운이 스며드는 듯, 어깨의 통증이 조금씩 가라앉는 것을 느낄 수 있었다.
 어느 한적한 시골 의사의 조언을 단순한 경고로만 여겼다. 이 정도 아픈 것은 누구에게나 일어날 수 있는 일이지 않겠느냐고 쉽게 넘겨 버렸던 나였다. 하지만 출생 두 달을 지나며 아이는 심한 낯가림을 시작했고, 나는 독박 육아에 온전히 몰두하던 시기였다. 당시 프리랜서로 일을 하고 있어서, 누군가에게 잠시 아이를 부탁해야 하는 경우가 종종 생겼다. 하지만 아이의 낯가림이 너무도 심해서 시어머니조차 우리 집에 방문하는 게 쉽지 않았다. 결국 기댈 수 있는 곳은 동생과 남편뿐이었다. 몇 시간에 불과했지만, 그들 역시 아이를 달래는 일이 결코 쉬운 일이 아니었다. 두 사람은 번갈아 가며 아이를 안고, 동네를 돌아다니며 달래는 일이 허다했다. 그러다 보니 아이를 돌보는 것은 전적으로 나의 몫이었다. 손에서 떨어지기만 해도 울어 젖히는 녀석 탓에 어깨도, 목도, 팔도, 어느 한 곳이 편안할 날이 없었다.

2015년, 또 한 번의 극심한 고통으로 정형외과를 방문했다. 척추를 중심으로 오른쪽 등이 심하게 부어올랐다. 손으로 양쪽을 짚어 보거나, 혹은 조금만 주의를 기울여 들여다보면 누구나 느낄 수 있을 정도로 등이 부풀어 있었다. 처음엔 그냥 잠을 잘 자지 못해 담이 걸린 줄 알았다. 운전할 때마다 움찔거리며 몸이 앞으로 고꾸라지는데도, 진통제로 버티던 나날이었다. 며칠을 참다 결국 방문한 정형외과에서는 무리하게 몸을 썼다고 하셨다. 셔츠가 삐뚤어지고, 스커트가 자꾸 돌아갈 정도로 불균형인 등을 비롯하여, 목, 어깨 치료를 위해 사진을 찍었다. 결국 목 디스크를 진단받았다. 의사는 디스크를 방치할 경우, 근육이 굳은 채로 움직이기 힘들게 된다고 경고했다. 조심하셔야 한다며, 약을 처방하셨고, 재활의학과에서 치료를 병행할 것을 권했다.

극심한 스트레스를 겪었던 시기였다. 하루하루를 긴장 상태로 지내야 했던 나날들이었다. 당시 남편은 중국 주재원 근무로 떨어져 지내던 터라, 일과 육아를 오롯이 혼자 힘으로 버텨냈었다. 일찍 출근해야 하는 직장인인 관계로 아침엔 아이를 유치원에 보내주실 수 있는 이모님이 등원을 도와주셨다. 업무를 마치자마자 뛰어가서 차에 시동을 걸고, 아이를 유치원에서 픽업했었다. 엄마이자 가정주부로서의 또 다른 업무를 시작했던 것이다. 힘에 겨워 허덕이며, 하루하루 긴장의 연속으로 보내던 시기였다.

몇 해가 지난 지금도 생생히 기억날 만큼 아찔한 상황이 벌어진 날도 있었다. 내가 업무 책임자라 늦을 수도, 빠질 수도 없는 날이었다. 하필이면 그날, 이모님이 늦잠을 주무셨다고, 한 시간 정도 늦을 것 같다고 연락을 주셨다. 이를 어째야 하나, 내가 제시간에 도착하지 않으면 한 학년 전체가 시험을 못 치르는 최악의 상황이 발생할 수 있었다. 최대한 내가 버틸 수 있는 시간은 고작 30여 분.

"할머니는 왜 안 와?"

아이가 거듭 묻기에 나는 상황을 설명할 수밖에 없었다.

"할머니도 늦잠 잘 수 있지. 근데 엄만 늦으면 큰일 나?"

다행히 공감 능력이 뛰어난 아이였지만, 불안했는지 몇 번이고 되물었다.

머릿속이 하얘져서 도대체 그 이른 아침에 연락할 곳이 아무 데도 없었다. 시댁도 멀었고, 친정은 지방이었고, 육아 지원군인 동생조차 해외에서 근무하던 시기였다. 지금 생각해 보면 유치원에도 당직 선생님이 계시거나 급식실 분들은 일찍 근무를 시작해서서, 데리고 갈 법도 했다. 하지만 당시엔 나 역시도 초보 엄마라 다양한 가능성을 생각해 낼 수 없었다. 마음은 조급하고, 손은 떨리고, 해결 방안은 찾을 수 없던 그때, 그 조그만 아이 입에서 예상하지 못한 말이 튀어나왔다.

"엄마 나 혼자 있을 수 있어. 늦으면 형아들 큰일 나잖아. 나 혼자 있을 수 있어."

눈물이 왈칵 쏟아졌지만 똘망똘망한 아이 앞에서 눈물을 쏟을 수도 없는 상황이었다. 입술을 꽉 다물고, 아이의 눈을 바라보며 다시 물었다.

"진짜 혼자 있을 수 있겠어? 할머니 오고 계시는데, 잠시 혼자 놀고 있을 수 있겠어?"
"응, 나 용감하잖아. 할 수 있어."

발음도 아직 온전치 않아서 '할 뚜 이떠.'라며 연거푸 혼잣말을 되뇌던 아이였다.

　나를 도와주고 있는 아이를 보니 마음이 찢어질 듯 아팠지만, 일단 내 눈앞에 놓인 일들을 처리해야 했다. 심장이 두근거리고, 손이 떨려서 운전할 엄두가 나질 않았다. 택시를 불러두고 아이에게 여러 차례 신신당부했다.

　"거실에서 놀고 있어. 할머니 오시면 드리게 커피도 만들고, 피자도 만들어 놓고 있어."

　당시 주방 놀이에 한창 열을 올리던 아이라 거듭 주의를 주고 문을 나섰다. 직장인의 무거운 책임감으로 떨어지지 않는 발걸음을 간신히 떼어놓으며, 관리실에 계신 소장님께 전화로 사정을 얘기했다. 아이가 혼자 있으니, 이모님이 오실 동안 잠시만 올라와서 눈으로 '봐주시기만' 해달라고. 다행히 바로 아래에 계셔서 엘리베이터 앞에서 서로 교대식을 치를 수 있었다.

　워킹맘이라면 이해하겠지만, 매일의 일상이 예상대로만 움직이지 않는 게 우리네 삶이지 않은가? 가끔 업무가 늦어지거나, 예정에 없던 일이 생기면 시댁, 친정의 도움으로 하루하루를 버텼던 것 같다. 그 와중에 혼자 집 매수, 매도를 감행하기도 했고, 아이가 아파 병원에서 홀로 지새우기도 여러 차례였다. 입원 중에도 새벽녘 고열과 구토로 옴짝달싹하지 못하는 아이를 육아 지원군으로 나선 동생에게 맡기고선 착잡한 마음으로 일터로 향했었다. 일하는 엄마라 아이의 유치원 졸업식도, 학교 입학식도 양가 할머니들이 참석했다. 전화기 너머로 남편에게 울며 하소연하기를 반복하다 결국, 나와 아이까지 중국으로 이주를 결정했던 시기였다. 국내 이사도, 해외 이주도 혼자 힘으로 하느라 내 몸은 만신창이가 되어 있었다. 급기야 수면장애까지 겪으면서 하루에 한두 시간 자는 게 다였다. 지나고 나서 생각해 보니 진통제와 수면제의 힘을 빌려, 하루하루를 그저 버틴 것만으로도 기적 같은 날들이었다.

  사드 여파로 한중 관계가 급격히 나빠졌던 2017년, 중국 생활을 마무리하고, 해외 이주를 위해 짐 정리를 하던 차였다. 허리를 삐끗한 것 같은데, 전에 부었던 등이 다시 부어오르기 시작했다. 꽤 유명하다던 중국의 한의사는 '팅부동

(못 알아들어)'만 남발하는 나 대신, 남편에게 일렀다. '이대로 두면, 마비가 올 거야. 조심해야 해.' 그제야 남편도 사태의 심각성을 인지하게 되었다.

  그것이 세 번째 경고였다. 마비로 몸을 못 쓰게 되리라는 각기 다른 분야 의사들의 공통된 소견. 혹자는 근육이 너무 굳어서, 혈액 순환이 제대로 되지 않아서, 혹은 무리한 노동으로 인한 염증으로, 또는 신경성 스트레스로 그 이유는 다양했지만, 정확한 원인은 밝히지 못했다. 늘 내 앞에 놓인 시급한 일들에 치여, 필요할 때마다 임시 처치가 최선이었을 뿐, 바쁜 일상의 반복이었다.

  팬데믹 시기도 잘 버텼었다. 2023년 8월, 긴장이 늦추어진 탓에 마스크 없이 탄 지하철에서 코로나와 A형 독감을 한번에 얻었다. 출산 이후 그런 극심한 고통은 처음이었다. 너무 아플 땐 진통제를 추가로 먹으라는 의사의 권고. 만약의 경우를 대비해 머리맡에 타이레놀 진통제 한 통을 두었다. 고통을 견디다 못한 내 손은 진통제로 뻗어, 물도 없이 입안으로 진통제를 밀어 넣었다. 내 몸이 의식의 통제 없이, 본

능으로만 움직일 수 있다는 사실을 깨달은 최초의 순간이었다. 그렇게 진통제를 하루에 한 통을 다 비우다시피 했다. 위염이 있는 것은 까맣게 잊은 채, 방에서 데굴데굴 구르기를 몇 차례… 그게 위경련이었음을 뒤늦게 알기도 했다. 도저히 회복되질 않았다.

  그 이후로, 6개월간 거의 병상에서 지내다시피 했다. 꾸역꾸역 진통제로 버티면서 출근했고, 내 몸에서 어떤 일이 일어나는지 자각하지 못했다. 아니, 어쩌면 나를 신경 쓸 여유가 전혀 없었다. 당해 8월 말 친정어머니가 유방암 3기를 진단받으셨다. 면역 질환자이자 신경계통 희귀 환자로 분류된 아이마저 증상이 악화하여 병원 진료를 더욱 자주 받게 되었던 시기다.

  하필이면 왜 이때일까. 아이 아빠는 중국에서 다시 주재원 생활을 하고 있던 터라, 도움을 줄 수 없었다. 친정어머니는 동생들과 돌아가며 병원을 모시고 다녔지만, 아이는 오롯이 내 몫이었다. 오른쪽 등이 다시 부어오르기 시작했다. 몸을 뉘면 부어오른 한쪽 등이 불편해서 옆으로 누워 자게 되었고, 하루하루 반복되는 두통은 진통제 없이 이겨낼 수 없었다. 밤낮없는 고민으로 불면증은 더욱 심해졌고, 출근길 편도 30km가 넘는 길을 혼자 운전하는 게 다행이었다. 혼자 꾸역꾸역 눈물을 삼키는 일이 너무나 익숙해져 버린 시간이었다.

시간은 흘러, 친정어머니의 수술도 무사히 끝나고, 아이도 조금 호전되어, 나에게는 드디어 약간의 쉼이 허락되었다. 5~6개월 전 양호 선생님이 소개해 준 한의원이 떠올랐다. 동생에게 얘기했더니 당장 가보자며 예약을 덜컥 해 버렸다. 어디 뼈가 부러지거나 열이 많이 나거나 하진 않으니, 한방의 도움을 받는 것도 괜찮을 듯싶었다.

이튿날, 얼떨결에 한의원 진료실에 앉아 있는 내 모습을 마주하게 되었다. 소개를 받아서 간 곳이기는 했지만, 처음이다 보니 나처럼 소심한 사람은 불안감을 숨길 수 없었다. 초진 차트를 작성할 때도, 딱히 어디가 아픈지 콕 집어 말할 순 없었다. 뼈가 부러지면 정형외과를 갈 것이고, 설사와 복통에 시달린다면 내과를 가야 할 것이다. 하지만 그냥 몸이 나른하고, 조금만 피곤하면 온몸이 굳어버릴 만큼 근육통이

심했다. 어깨도 너무 아프고 머리도 아프지만, 큰 치료가 필요하지 않았다. 이런 만성 통증에 시달리면서 임시방편 격인 진통제와 가끔 감기로 방문하는 내과에서 처방한 수액으로 그렇게 잘 버텨왔다.

몇 가지 검사를 한 후, 한의사 선생님의 진맥이 이어졌다. 이대로는 안 된다며, 당장 치료해야 한다고 다그치신다. 곧 갱년기인데 더 악화될 거라며 언성을 높이신다. 바로 치료실로 안내를 받았다.

"이게 뭐예요? 무슨 치료를 하는 건가요?"

재차 물었지만 일단 치료부터 하자신다. '이게 대체 뭐지?' 소심한 나는 아무 대꾸도 못 한 채로 침대에 누웠다. 따끔이 아닌 꾹~ 전해지는 침의 통증에 머릿속을 가득 채운 의구심과 불안함을 내세울 기력도 없었다. 하루에 걸쳐 해독 치료가 이어졌다. 피를 맑게 하고(청혈해독), 간의 기능을 제대로 하게끔 회복시키는 치료라는 설명이 그제야 귀에 들어왔다.

간 기능 회복이라… 그러고 보니 내 간 상태는 늘 의문의 대상이었다. 상당히 오래되어서 수치는 기억나지 않는다. 당시 건강검진을 한 후, 결과가 이상해서 병원에서 재검을 요청했다. 마라토너들이 42.195km를 완주한 후 지칠 대로 지친 상태에서 간 검사를 하면 나오는 수치라고 했다. 도대체 뭘 하셨냐고 물으셨으나, 난 그저 육아와 업무에 지친 워킹맘이었을 뿐이었다. 한 달여 치료했던 것 같다. 그 후로도 두어 차례 간 수치가 안 좋다고 얘기를 들었지만, 또 조절하고 재검을 하면 정상으로 돌아오기를 반복했던 것 같다.

그때의 일 때문이 아닐지 생각도 했지만, 막상 검증할 방법도 없었다. 주변에서 출산으로 인한 후유증이 간혹 있다고는 얘기를 들었지만, 나의 경우는 정확한 이유를 찾지 못했었다. 20여 시간을 진통하다 결국 제왕절개로 아이를 출산하게 되었다. 시간이 너무 지체되는 바람에 아이가 태변을 먹어 위험한 상태였다. 아이는 태어나자마자 집중 치료실로 옮겨졌다. 갓난아이를 한번 안아보지도 못한 채 보호관 너머로 쳐다만 보는 것도 너무 가슴 아픈 일이었다. 하지만 그 이후의 일은 더 끔찍하게 진행될 줄 누가 알았을까? 숨이 차고 가슴이 답답했지만, 수술 후에 움직이는 것이니 당연하게 생각했다. '하악하악' 숨소리가 거칠어질 만큼 증세가 악화되어 시행한 검사에서 폐에 물이 찼다고 한다. 폐부종과 급작스러운 혈압 상승으로 각종 주사와 약들이 긴급 처방되었다. 이뇨 주사는 역효과를 내어 몸 안에 쌓이기 시작했고, 부종으로 다리를 들어 올릴 수도 없었다. 초음파 검사가 필요하다고 해서, 내려간 곳은 심장내과였다. 폐 검사를 하는 줄 알았는데, 갑자기 심장이라니 이해가 전혀 가지 않았다.

초음파를 보시던 선생님의 첫 마디가 아직도 귀에 선하게 울린다.

"아니, 대체 무슨 짓을 한 거야? 대체 무슨 일이 있었던 거예요?" 물어보시는 건지 호통을 치시는 건지, 분간이 잘 되진 않았지만, 예삿일은 아니지 싶었다.

"저… 자연 분만 시도하다가 안 되어서, 제왕절개를 했는데요."

"아니 이게 말이 돼? 사람이 이 지경이 됐는데… 어휴…."

"왜 그러세요?"

"아니, 저기요, 이게… 심장이 2배 가까이 부었어요. 1.8배 정도 되네. 간이며 장이며 모든 내부 장기가 다 부었는데 어떻게 이렇게 되지…?" 대답하시는 건지, 혼잣말하시는 건지 당시 상황이 본인도 잘 이해가 안 가는 말투였다.

그렇게 진료를 받고서, 입원실로 돌아왔다. 이게 어떤 상황인지 쉽게 인지가 되지 않았다. 외출에서 돌아온 남편은 자초지종 얘기를 듣고, 진료를 봤던 협진 과를 돌아다니면서 물어보았다. 출산을 담당했던 산부인과에서 연락을 줄 거라는 말만 반복할 뿐 그 어느 과도 확실히 어떤 문제인지 쉽게 알려주지 않았다. 그저 아이만 무사하기를… 우리 부부는 그것만이 희망이었던 것 같다. 이후 담당 의사는 마취로 인해 생길 수 있는 문제라 보인다고, 그 짧은 해명이 전부였다. 다행히 아이가 문제없이 퇴원할 수 있어서, 나의 진료는 외래 예약을 잡은 후 퇴원했다. 이후 아이 치료 때문에 나의 심장 치료를 지속할 수 없었던 사실이 기억에 남는다.

그 이후로 여러 가지 건강 문제가 불거지기 시작했다. 가령 건강검진에서 간 수치가 안 좋다든지, 혹은 잘 지내다가도 고혈압 혹은 부정맥으로 진료를 받아야 한다든가. 그렇게 쉽게 눈에 보이지 않는 증상으로 꽤 여러 번 병원을 드나들긴 했지만, 생명에 큰 지장을 줄 만큼 이상이 발견되지 않았다. 당분간 약을 먹고 수치가 나아지면 중단하기를 여러 차례 반복했다. 그래서 더 신경을 못 썼는지도 모른다. 감기 몸살 같으면 고열로 인해 급히 병원을 찾는 게 일상적이다. 하지만 생활에 딱히 지장을 주지 않는 부분이다 보니, 나빠진 건지 좋아진 건지, 건강검진에 통과만 하면 크게 신경 쓰고 살진 않았다.

한의원에서 간 기능 회복을 위한 치료라는 얘기를 들었을 때, 그제야 지난 일들이 휘리릭 떠올랐다. 만성 염증과 건강검진에서의 부적합한 수치들이 나온 이유를 조금은 알 것 같았다. 지금이라도 관리를 하면 나아질 수 있다는 막연한 희망과 함께 나의 치료 과정은 시작되었다. 건강한 곡물들로 이루어진 식이조절과 해독 요법을 병행했다. 정해진 식사 시간에 건강한 곡물들로 만들어진 식사 대용식을 해야 했고, 소화 기능을 돕는 효소와 약도 먹어야 했다. 열흘의 정제(이 기간을 정제하는 시간이라 부르고 싶다.) 기간이 지나고, 밀가루, 튀김류, 고기, 유제품을 제외한 채소 위주의 건강 식단으로 바꾸었다. 국내산 귀리를 직접 굽고 가루를 내어 죽으로 만들어 먹었다. 신선한 올리브유를 제외한 모든 기름은 철저히 통제했고, 과일도 당 성분이 강한 것보다 사과, 오렌지 종류로 골라 먹어야 했다. 아주 가끔 시원한 과일을 먹고 싶을 때는 수박도 한 조각씩 먹곤 했다.

한 달쯤 지났을 무렵, 차츰차츰 내 몸은 정상 궤도에 오르기 시작했다. 뇌 MRI를 찍어야 하나 고민을 하던 나였다. 항상 손 닿는 곳에 진통제를 두어, 그 약의 힘으로 버텨왔던 나였다. 이런 식습관을 병행하면서, 수십 년간 나를 괴롭혔던 두통이 사라졌다. 마법처럼 씻은 듯이 사라지진 않았지만, 차츰차츰 두통을 인지하지 못하게 되었고, 집 안 구석구석 쌓아 놓았던 진통제도 치울 수 있었다.

더불어 어깨와 목의 통증도 많이 줄어들었다. 어깨부터 팔, 손가락 끝까지 전해지던 묵직하고도 뻐근한 통증을 느끼는 횟수가 눈에 띄게 줄어들었다. 가끔 신경을 곤두세워야 하는 몇몇 경우를 제외하고는 아픔을 느끼지 못했다. 커피 원산지를 고르고 골라 마시던, 소문난 커피 마니아였지만 단번에 끊어버렸다. 이것만으로도 신세계였다. 많은 업무와 가족의 병치레, 복잡한 일들로 여전히 충분한 수면 시간은 지키지 못하지만, 불면증으로 밤을 뜬눈으로 지새우던 내가 아니었다. 커피를 줄이면 삶의 질이 달라진다고 하더니, 그 신세계를 직접 경험했고, 커피 애호가였던 내가 이런 말을 한다는 사실조차 우스웠다.

내 몸은 지난 수십 년간 일과 가정의 양립을 위해 아슬아슬한 외줄 위에서 겨우겨우 버티고 있었던 것 같다. 가족들 식사는 챙기더라도 내 식사는 거르기가 일쑤였다. 예민한 성격 탓이기도 하지만, 주어진 일을 마다하지 않으니 수면 시간이 늘 부족했다. 결국 이런 생활이 순환 문제로 이어졌고, 변비와 부종은 내 일상이 되었다. 그로 인해 체중도 많이 늘었고, 몸이 힘들어도 버티고 버티는 근성만 늘었다. 악순환이 반복되자, 조금만 무리해도 원인을 알 수 없는 통증이 내 몸을 지배했다. 내 몸은 본인 의식으로 '괜찮다, 괜찮다'를 반복하여, 정말 괜찮은 것으로 받아들이고 있었다. 이 아픈 모든 순간을 당연히 정상적인 패턴으로 인식하고 있었던 것이 아니었을까 생각한다. 어떤 것을 우선순위에 둬야 하는지 업무와 가정사에는 능했지만, 늘 나 자신은 그 순위 안에 없었던 것이 당연한 듯 여겨졌다. 참으로 어리석었던 것 같다.

  건강이 최고라는 불변의 진실을 마주하기까지 참으로 오랜 시간이 걸린 듯하다.

  '너무 무리하잖아, 나 좀 쉬어가자.'

  소리치는 내 몸의 소리를 무시한 채 살아왔다. 자연스러운 노화 과정을 거부하고, 일종의 책임감과 열정만으로 자신을 혹사해 왔을지도 모르겠다. 마음은 여전히 젊다고 말하고 싶지만, 생물학적으로 이미 난 중년의 여성으로 또 한 번의 신체적, 정신적 변화를 겪고 있다. 여느 노랫말처럼 또 하루 멀어지듯이, 난 오늘 또 하루 나이 들어간다. 나의 몸 어느 한구석에서는 또 한 줄의 주름이 생기고 있을지도 모른다. 아쉽거나 불안한 것은 아니다. 밤이 지나면 다음 날 해가 다시 떠오르듯이 자연의 섭리대로 주어진 시간만큼 천천히 변화하는 그 과정을 자연스럽게 인정하게 될 것이다.

혼자만 하는 육아로 힘들다고, 가끔은 나의 경력이 아이와 가족 때문에 좌절된 적도 많아서 원망도 많이 했었다. 이것보다 더 잘할 수 있는데, 여기에서 멈춰야 한다는 결정을 내리기까지 많은 눈물을 흘리기도 했다. 하지만 이젠 이해할 것 같다. 그 아등바등 힘들게 쌓아 온 시간이 지금의 나와 내 가족을 지탱하는 원동력이 되었다는 것을. 우리 가족의 울타리를 지키려면 나부터 몸도 마음도 건강해져야 한다는 사실을 절실히 느끼게 되었다.

밤이 꽤 깊어져 간다. 내일 아이 학원에 가져갈 간식이 뭐가 있나 챙겨본다. 주방 창 너머로 날씨가 어떠한지 슬쩍 내다보고는 불을 끄겠지. 매일의 아침 루틴처럼 주방의 따스하고도 온화한 전등 불빛과 함께 나의 하루는 시작될 것이다. 세련되고 예쁜 구두가 아닌 편한 운동화에 발을 쑥 밀어 넣으며 현관문을 나서겠지. 오늘도 잘 버텨보자고, 감사할 수 있는 시간이 되길 기도하면서 또 다른 하루를 완성해 나갈 것이다.

일하고, 아프고, 살아간다
(Work, Hurt, Live)

난소암

김지은

2016년 4월 1일 만우절. 내 나이 서른여섯에 거짓말처럼 암을 만났다. 최고의 아웃풋을 내고 인정을 받아 강의 재계약을 앞둔 시기였다. 기분 좋게 친정엄마와 둘이 홍콩 여행을 앞두고 3월 말경 입원하게 되었다.

배가 아파 동네 병원에서 2주 넘게 온갖 약들을 먹다가, 어느 날 새벽 화장실에서 주저앉아 일어나지 못해 응급실을 가게 되었다. 뱃속을 뾰족한 송곳으로 찌르는 듯한 느낌이었고, 허리를 펼 수 없을 정도의 통증이 밀려왔다. 몇 달 전

요로결석으로 데굴데굴 구른 적이 있어, 이번에도 요로결석이 재발한 줄 알았다. 직장에 하루 휴가를 내고 엑스레이를 찍었지만 별다른 이상이 없어 그냥 퇴원하려 했는데, 응급의가 혹시 모르니 CT를 한 번 찍자고 했다. 그런데 세상에, 난소 왼쪽에 11cm 크기의 혹이 있다고 했다. 크기가 내 주먹만 한 종양이었다.

급박하게 나는 응급수술을 하게 되었고, 엄마는 여행 가려고 사 둔 캐리어에 입원 보호자 짐을 싸서 병원에 들어오셨다. 단순한 물혹인 줄 알고 수술했고, 며칠 쉬면 나을 거라고 생각했다. 수술 마지막 회진 때, 의사가 다음 주에 수술 경과를 보러 올 때 남편분과 꼭 같이 오라고 하셨는데, 왠지 기분이 쎄했다.

퇴원 후 일주일 뒤인 4월 1일, 담당 의사가 말했다.
"난소암 초기입니다."
원래 난소암은 초기 증상도 없어서 이렇게 통증으로 발견되는 경우는 아주 드문데, 혹이 커서 신경을 눌러 통증을 유발한 덕분에 초기에 발견할 수 있었다고 했다. 나가시는 길에 중증 산정특례 신청도 하고 가라고 덧붙이셨다. 우리나라는 중증 질환에 대한 의료보험이 잘 되어 있어, 앞으로 대학병원 진료나 치료비의 90%까지 지원이 된다고 했다.

'이제껏 낸 의료보험을 이렇게 돌려받는구나.'

하는 생각이 들었다. 진료실에서는 헛웃음만 나왔다. 남편은 출근해야 해서 회사로 가고, 혼자 집으로 돌아가는 버스 안에서 동생에게 전화를 걸었다. 그제야 눈물이 터져 한참을 엉엉 울었다.

'나 정말 열심히 살아왔는데.'

뭔가 억울한 느낌이 들었다. 마음을 가다듬고 세차게 고개를 흔든 후 생각을 정리했다. 방어기제가 필요했다.

'그래, 뭐. 별거 아니잖아. 초기라니까. 그냥 아무 일 없던 것처럼 다시 씩씩하게 전진 앞으로!'

퇴원한 지 얼마 되지 않아, 아이 병원 예약일이었다. 워낙 예약하기 어려운 병원이라, 꼬맹이 손을 꼭 잡고 병원으로 향했다. 운전하기도 힘들어 대중교통을 이용했는데, 지금 생각하면 택시라도 타고 갈 것을, 괜히 궁상맞게 버스랑 지하철을 타고 갔다. 힘들어 몇 번씩 쉬어 가며, 원래 30분이면 갈 거리를 한 시간 반이나 걸려 도착했다. 하지만 "괜찮다."는 말을 듣고 나니, 그제야 안심이 되었다. 내가 아프다는 것보다, 아이가 아무 이상 없다는 사실이 주는 안도감이 훨씬 더 컸다.

'그래. 너만 괜찮다면, 난 괜찮아.'

암이라는 충격도 잠시, 시간이 약이라고 퇴원 후 몇 개월이 지나자 그냥 원래의 일상으로 돌아갔다. 당시의 나는 출산 후 좌충우돌 끝에 커리어가 안정되어 가던 중이었다. 흥미로운 제안을 받아 인센티브 강의 계약을 하였으나 알고 보니 상사가 또라이였다. 그 밑에서 1년 정도 스트레스를 받으면서도 이 악물고 나름 성취를 이루고, 인센티브를 많이 받을 수 있을 정도로 직업 만족도가 올라가던 중이라 나의 몸을 돌볼 겨를은 없었던 것 같다. 일주일 휴가 후 바로 복귀했다. 아침에는 바쁘게 준비해서 출근길에 아이를 버스로 등원시키고 퇴근하자마자 허겁지겁 하원시켜서 집에 돌아가는 길에 장 보고 밥해서 먹이고, 집 치우고 씻기고 재우고 나면 녹초가 되어 곯아떨어졌다 눈 뜨면 또 하루가 시작되는 나날들이었다. 주말에는 평일에 가지 못하는 곳들을 데리고 다니느라 바빴다. 사실 난소암이라는 워딩이 주는 무게에 비해 시간이 지날수록 심각하지 않게 생각했던 것 같다. 수술 후 회복도 금방 되었던 터라 시간이 지날수록 경각심도 무디어졌던 것 같다.

 첫 수술을 응급수술로 하게 된 바람에 수술 집도의가 암 전문 선생님이 아니셨고, 임신 쪽 담당 산부인과 선생님이셨다. 난소암은 전절제(자궁, 난소 모두 제거) 수술을 해야 재발 위험이 줄어든다고 하는데, 그 당시 내가 받은 수술은 커진 혹만 제거하는 수술이었다. 암 전문 선생님께 수술을 받았더라면 첫 수술이 다르게 진행됐을 거라 생각해서 아쉬움은 매우 크다. 그 후로 나는 무조건 첫 수술을 제대로 해야 한다고 설파하고 다닌다. 아무튼 첫 수술 후 일상생활을 하면서 달라진 점은 암 전문 선생님께 배정되어 3개월에 한 번씩 가서 CT 찍고 피 뽑고 검사하는 것 외에는 크게 달라진 점이 없었다. 선생님도 똑같이 생활하라고 하셔서 그냥 그렇게 이전과 똑같은 일상으로 복귀한 지 딱 1년이 되는 시점에 받은 정기검진 후 담당 의사 선생님께서 전화하셨다.

"수술날을 다시 잡아야겠어. 암세포가 계속 커지네."

 나는 1년 후 또 짐을 싸서 병원으로 들어가게 되었다. 비상! 비상!

 첫 번째 수술은 응급으로 진행되어 경황이 없었지만, 두 번째 수술은 예약하고 들어가는 수술이라 양가 부모님들의 걱정 속에서 하게 되었다. 지방 작은 교회 목사님이신 아버지는 새벽기도를 인도하시고 올라오시다 보니 수술 전에는 도착하실 수 없으셔서, 전화로 기도를 해 주신다고 하셨다. 전화 통화 첫마디에 "하나님! 지은이가…" 하시고는 울음이 터지셔서 뒤에 뭐라고 하셨는지 잘 기억이 나지 않지만, 그때 실감이 났던 것 같다. '아! 내가 큰 수술을 하는구나.' 한 2~3시간이면 끝날 것이라던 수술은 장장 7시간 가까이 진행되어 수술실 앞에서 하염없이 기다리던 남편은 큰일이 난 줄 알았다고 한다. 이유를 들어보니 여기저기 전이가 많이 되어 최대한 제거하려다 보니 오래 걸렸다고 하셨다. 일단 복부와 림프절에 전이가 있었다고 한다. 사실 나는 첫 수술에서 혹만 제거하고 끝났으니 두 번째 수술도 금방 퇴원할

줄 알았는데, 꼬박 3주 정도를 입원했다. 1주일은 물도 못 넘기고 금식을 유지하며 추가 검사를 받았다. 말 그대로 걸어서 들어가서 기어서 나오는 형국이었다.

입원 중에 담당 의사 선생님께서 재발인 경우에는 항암 치료를 해야 한다는 말을 꺼내셨다. 일도 이제 자리를 잡았고, 바쁘긴 해도 생활 루틴이 안정적인데, 항암이라니… 초기 암이었더라도 재발 시에는 항암을 하는 것이 표준 치료라고 하신다. 항암이라고? 대머리 되는 항암? 오마이갓! 남들이 하는 것 다 따라 해보는 트렌드에 민감한 트민녀라고 해도, 이건 좀 아니지 않나! 별의별 생각을 다 했다. 항암을 하지 말까? 항암이 오히려 몸의 좋은 세포도 다 죽인다고 하던데… 온갖 의학 서적과 인터넷 사이트들을 뒤지기 시작했다. '난소암 재발'이라는 키워드를 네이버에 넣어보니, 5년 생존율이 터무니없이 낮았다. 진짜일 리 없어. 내가 살 확률이 이것밖에 안 될 리 없어. 암 환자들 네이버 카페도 가입해서 이것저것 질문을 했다. 인터넷을 찾아볼수록 겁도 났다. 하지만 한 가지 확실한 메시지는 의사 선생님 말을 잘 들으라는 것. 항암 여부를 고민하던 중, 입원 기간 동안 친해진 간호사 선생님께 상의를 했다. 속으로는 "가족이 이런 상황이라도 나에게 항암을 하라고 할 것이냐?"는 질문을 하려는 찰나, 선생님께서 먼저 "제 남편도 다음 주에 항암 시작해요."라고 말씀하셨다.

병원 일을 오래 하다 보면 독심술도 할 수 있게 되는구나 라는 생각을 하며 이야기를 들었다. 결론은 표준 치료를 하라는 것. 머리 빠지는 게 싫어서 한 팩에 600만 원 한다는 항암을 해볼까 별 생각을 다 했는데, 그런 약은 더 이상 표준 항암을 할 수 없을 때 하는 약이라고 하셨다. 그래, 그냥 표준 항암을 하도록 하자. 자아를 내려놓고 투항하기로 한다!

대머리가 생각보다 잘 어울렸다. 하이모 가발 가게에서는 암 환자들을 위해 삭발 서비스도 해 주시는데, 혹시나 머리 밀면서 울까 봐 그러시는지 가벼운 농담을 해 주신다. "손님들이 다들 본인이 머리를 밀면 강수연 같은 두상이 나올 거라고들 생각하세요. 호호호." 덕분에 눈물 안 흘리고 삭발을 쫙 했다. 자, 이제 머리를 밀었는데 문제는 유치원 다니는 우리 아들에게 어떻게 보여줘야 할지가 고민이었다. 엄마가 아프다는 것은 알고 있는데, 이걸 받아들일 수 있을지. 세상에서 엄마가 제일 예쁘다는 내 아들인데, 이제 싫어하면 어쩌지. 우리 아들 긴 머리 좋아하는데. 아들이 유치원에서 돌아오고 남편도 집에 왔을 때, 어렵게 입을 열었다. "아들, 엄마 치료하느라 머리를 밀었어. 엄마 이제 대머리야. 보고 너무 놀라지 마." 하며 두건을 벗었더니, 처음에는 조금 뒷걸음질을 치더니 방으로 도망가 버렸다. 그러다 조금 지나서는 가까이 와서 만져보더니 내 대머리에 아들이 뽀뽀를 해줬다. 눈물이 왈칵 났다.

항암 통증은 생각보다 고통스러웠다. 치과에서 신경 치료도 마취 없이 하고 위내시경도 생으로 그냥 받는 내가 너무 아프다고 엉엉 울었다. 가만히 있어도 손과 발끝을 못으로 찌르는 것 같은 통증이었고, 누워 있지도 걸어 다니지도 못하고 미칠 지경이었다. 마약성 진통제를 먹으면 몽롱하니 너무 어지러워 하루 종일 구토했다. 진통제 부작용이 통증 부작용보다 더 심해서 강한 진통제를 끊었다. 통증으로 너무 힘들어하는 나에게 빛처럼 다가온 간호사 언니의 조언!

"타이레놀을 진통 시작하기 전에 미리 드셔 보세요. 이게 진통이 이미 시작한 뒤에 먹으면 진통 컨트롤이 쉽지가 않아요. 미리 먹으면 훨씬 진통이 잘 잡힙니다."

조언대로 해보았다. '오! 훨씬 덜 아픈데? 견딜 만한데?' 암 제거는 물론 고마운 의사 선생님께서 해 주셨지만, 투병 생활을 견딜 수 있게 함께해 주신 것은 간호사 선생님들이셨다. 진통제 미리 먹는 방법은 정말 효과가 좋아 나의 투병 생활 동안 삶의 질을 확 올려주었다. 정말 너무 아플 때는 진심으로 뛰어내리고 싶을 정도였으니, 별거 아닌 것 같은 팁이지만 나를 살린 소중한 처방이었다.

내가 다닌 병원은 2차 병원이라 항암이 2박 3일 일정으로 이어진다.(대형 3차 병원은 당일 항암을 맞고 집에 돌아가야 하는 곳이 많다.) 하루는 입원 전 검사를 하고 밤새 수액을 맞으며 몸을 좀 준비시킨다. 둘째 날은 항암을 하는 날이다. 보통 오전에 기본 검사를 하고 점심을 먹고, 약이 올라오면 저녁까지 계속 약을 맞는다. 항암제는 너무 독해서 가까이 있는 것만으로도 일반 사람들에게 안 좋을 수 있어 가족들을 못 오게 했다. 마지막 날은 수치들을 보고 부작용이 있는지 확인한 후 퇴원을 한다. 항암 치료 중에 아찔한 순간들도 많다. 보통 사람들은 백혈구 수치가 5000~10000mm²인데, 항암 중에 300mm²까지 떨어진 적이 있다. 그 정도면 이제 감기 바이러스도 못 이겨내 잘못하면 죽을 수도 있는 수치인 것이다. 그런 수치가 나온 데다 열까지 나서 항암을 못 하고 1인 무균실에 감금되었던 적도 있었다. 백혈구 수치는 암 환자들에게 아주 중요한 바로미터였다. 치료를 받을 수 있느냐 없느냐가 결정되는 수치이기도 하다. 백혈구 수치를 올리기 위해 항암 중에 개인적으로 효과를 보았던 보양 음식은 장어였다. 비위가 약해 탕은 못 먹고 장어 구이는 잘 먹었었다. 장어 구이를 먹고 입원하면 수치가 괜찮아서 항암 진행이 수월했다. 그래서 아직도 종종 우리 가족은 장어 구이를 먹으러 가곤 한다.

내가 다닌 병원의 산부인과 입원 병동은 긴 복도 중앙에 있는 휴게실을 기준으로 오른쪽은 아기들이 갓 태어난 산모들이 입원해 있는 병실들이 있고, 왼쪽은 항암을 하는 여성 암 병실이 있다. 복도 중간에 서 있을 때, 삶과 죽음의 경계선에 서 있는 것 같은 오묘한 기분이 든다. 항암 링거를 매

달고 스탠드를 밀면서 복도를 왔다 갔다 하며 혼자 철학적인 생각을 하게 된다. 카를 융이 그랬던가, 죽음에 맞닿아 있을 때 삶에 대한 애착이 가장 강하다고. 그럼 '목숨을 건 스포츠를 하는 사람들은 삶에 대한 애착을 죽을 만큼 느끼고 싶어서 시도하는 걸까?'라고 생각을 했다.

 병실의 하루는 일찍 시작한다. 교대 근무하는 아침 근무 선생님들이 오전 6시쯤 환자들 인수인계를 받고 체온, 혈압 같은 기본 체크를 하러 오시기 때문에 늦잠을 잘 수가 없다. 3주 사이클로 돌아가는 항암 입원을 하다 보면 비슷한 시기에 항암을 시작한 항암 동기들과 친해진다. 부산에서 금은방을 하는 언니, 제주에서 펜션을 운영하는 언니, 대학에서 교수로 일하는 언니, 집에서 열심히 아이들을 키우던 언니, 시골에서 직접 농사지어 좋은 것만 먹고 살았다는 언니까지. 부인암에 걸리기에는 내 나이가 젊은 편이라 항상 막내였다. 워낙 활달한 성격 탓에 병실마다 다니며 잘 지내던 나는 언니들의 귀여움을 독차지했다. 언니들은 얼굴이 뽀얗고 귀엽다고 그리 말하면서도, 안쓰러운 시선으로 예쁘다고 해 주셔서, 나는 마치 2박 3일 캠핑 가는 기분으로 맛있는 것을 싸 들고 병원에 가곤 했다. 여성암 병동이니 모두 같은 처지인 우리는 모이면 항상 할 얘기가 많다. 머리카락이 없으니 집 청소가 편하다는 둥, 신상 모자가발이 나왔다는 소식까지. 사실 다 같이 환자복 입고 지내는 처지에 같은 고통을 겪는 사이라 그런지, 처음 만나는 사이에도 금세 친해진다. 세상에서 얼마나 잘 사는지, 내가 얼마나 잘나가던 사람인지는 여기서 아무런 소용이 없다. 유일하게 따지게 되는 것은 '너는 몇 기 암인가'이다. 병실에서도 4기 언니들은 병실 생활의 포스나 노련미가 다르다. 웬만하면 눈치껏 심기를 서로 건들지 않는 편이다.

병실에서 오손도손 모여 대화를 나누다 보면, 당연히 대화의 단골 주제는 도대체 왜 이런 몹쓸 병에 걸렸는가이다. 내가 생각한 나의 원인 중 하나는 다이어트. 내 평생의 숙제처럼 따라다니다 보니 안 해본 방법이 없고 안 먹어본 약이 없었다. 병 걸리기 직전 한약 다이어트를 한 것 때문인가를 자책하며 그 이후로는 다이어트 약은 입에도 안 댄다. 다음으로 생각나는 원인은 스트레스? 상사에게 엄청난 압박에 시달려서 그랬던 것일까? 음식? 군것질을 좋아하고 몸에 좋다는 음식을 잘 안 먹어서 그런가? 속으로 짚이는 원인들을 이야기했더니 옆에 있던 철원 사는 언니가

"야, 다 소용없어. 난 공기 좋은 시골에서 내가 직접 농사지어 먹고사는 데도 암 걸렸다야?"

그래 존스 홉킨스도 못 밝혀낸 원인 내가 어찌 알리….

원래 나는 약간의 투사 기질이 있었다. 학창 시절에도 불합리한 이야기나 처사를 하는 선생님들께 여지없이 대들다 더 맞는 학생이었다. 이런 나의 파이터 본능은 투병 기간에 활활 타올랐다. 나의 첫 수술 병명은 난소암의 완전 초기 경계성 암으로 진단되었다. 하지만 일 년 후 재발 및 전이 소견으로 악성 암 진단을 받았음에도 불구하고 보험사는 나를 암 환자로 인정해 주지 않았다. 굉장히 위로하는 척 병실까지 와서 서류까지 받아 갔으면서, 보험금 지급 거절 문자를 보낸 것에 분노한 나는 해외 논문을 엄청나게 공부했고, 보험 담당자보다 훨씬 많은 의학 지식을 가지고 대할 수 있었다. 담당 레지던트 선생님과 논문 내용을 논하며 보험사와

싸울 준비를 했다. 국내 최대 보험사 중 하나인 이 보험사는 암 환자들 진단금을 안 주기로 유명한 곳이었다. 여러 사례들을 보고, 손해사정관들과 상담도 해보고, 금감원에도 문의를 하며 여러 정보를 취합한 후, 보험 심사 결과 정보 공개 청구를 해 보았다. 대부분의 사람들은 보험이 거절되었다고 하면 그냥 받아들이기 마련이다. 하지만 나는 그렇게 하고 싶지 않았다. 내가 할 수 있는 한 최선을 다해 보려 했다. 그런데 내가 정보 공개 청구를 하자마자, 다음 날 보험사는 재청구 회의를 하겠다고 하더니 바로 그 다음 날 나에게 보험금을 지급했다. 이자까지 포함해서 말이다. 나중에 내가 청구한 정보를 받아보니, 내게 자문 결과를 속이면서까지 지급을 거절한 사실을 알게 되었다. 얼마나 황당했던지. 이러한 나의 파이터 본능은 아파트 관리 문제로까지 번져 비리 밝히는 찌라시, 게시글, 동영상 등을 제작하는 지경에 이르렀고, 이 활화산 같은 불길은 내가 다시 일을 하고 바빠지고 나서야 잠잠해졌다. 그때의 나는 아마도 무언가에 화풀이를 하고 싶었는지도 모른다. 돌격!

패션에도 관심이 많고, 옷, 가방, 신발, 액세서리 같은 것을 아주 좋아하기도 하고, 많이 사기도 하던 나였다. 하지만, 대머리로는 그 무엇도 사고 싶지 않았다. 무얼 입어도 이쁘지 않고, 그 어떤 명품도 소용이 없었다. 최악의 외모를 겪은 나는 반삭 정도의 머리만 되어도 사람다워 보이기 시작했다. 눈썹이 다시 나기 시작한 것만 봐도 대견했다, 내 자신이. 코털이 왜 있어야 하는지도 알았다. 코털이 없으니 콧물이 그냥 눈물 떨어지듯 쑥 떨어지는 것이었다. 내 몸에 쓸모없는 부분이 하나도 없었다. 모든 부분이 다 필요하고 소중한 것이구나 하는 것을 콧물 닦으며 느꼈다.

아픔을 겪으며 나에게 큰 위로가 된 것은 사랑하는 아들의 다정한 말과 남편의 든든한 간호, 그리고 엄마가 매번 해주시는 오리 백숙이었다. 인생에서 추억할 수 있는 장면들은 돈이 많이 있을 때가 아니라 슬픔과 아픔이 있을 때인 것 같다. 나의 또 다른 위로는 믿음이었다. 기도의 첫 시작은 원망의 기도였다. 내가 얼마나 헌신했는지를 막 어필했다. 원망의 기도는 의문의 기도로, 또 회개의 기도로 변했고, 나에게 시간을 주시면 주님께 헌신하겠다고 읍소하며 매달리면서 점점 마음의 위로를 찾았다. 죽음이 가까이 오고 나서야 산다는 것에 대해 생각하게 되었다. 나의 기대 수명에 대해 찾아보고, 내가 사는 동안 어떻게 살아야 할지 치열하게 고민하는 시간이었다. 마지막으로, 나라는 사람의 효용성을 느끼게 해준 일은 내가 하는 일이었다. 항암 중에도 예전 학생들의 소개로 과외가 들어오면, 내 상황을 밝히고 내가 가능한 요일에 우리 집 앞 카페에서 수업을 했다. 집에서 우울하게 있을 땐 죽음을 걱정하며 불안했지만, 학생을 가르치면서 그 불안은 줄어들고 나에 대한 자신감도 조금씩 생기기 시작했다. 일을 통해 사회의 약자가 아니라 구성원으로 돌아가는 느낌을 받았다.

항암이 끝날 즈음, 해외 한 달 살기가 유행하기 시작했다. 사실 아프기 전에는 이민을 염두하고, 박사 과정 원서를 준비하던 중이었다. 교수님께 추천서도 부탁하려고 연락을 해놓은 상태에서 아프기 시작하니, 해외 살이는 어려운 일이었다. 그러나 막상 아프고 나니 우리나라의 의료 체계가 참 우수하다는 것도 깨닫게 되었고, 그 점에서 한국에 만족하며 살게 되었다. 그럼에도 여행을 좋아하는 나는 항암이 끝난 바로 다음 달, 유치원에 다니는 아들과 함께 괌에 가서 한 달 살기를 했다. 반삭 정도의 머리라 현지에서는 그냥 벗고 다녔다. 한 달 동안 아쿠아로빅을 배우면서 괌 현지인들과 친해졌고, 돌아올 때는 수영장에서 여러 사람들과 인사하는 데 바빴다. 죽음의 문턱에서 다시 생명의 길로 돌아오는 기분이었다. 돌아오자마자 다음 여행을 예약했다. 그 다음 해에는 영국과 프랑스를 한 달 동안 여행했다. 초등학교에 막 입학한 아들과 함께 여행한 영국은 신사의 나라였다. 한 달 여행이라 짐이 많았는데, 젊은 남성들이 지나치지 않고 꼭 짐을 들어주었다. 우리나라에서는 보기 힘든 광경이어서 쓸쓸함이 느껴졌다. 영국을 검색하던 중, 영국에는 'Maggie's'라는라는 암 환자들을 위한 비영리 단체가 있고, 영국 전역에 센터가 있다는 것을 알게 되었다. 큰 병원들 앞에 있는 이 센터에는 환자들이 병원에 가기 전후에 와서 휴식을 취하고, 간식을 먹고, 사람들을 만나거나 강좌에 참여할 수 있다. 아이와 함께 케임브리지 지역에 머무는 동안 그 센터를 방문해 보았다. 낯선 외국인도 내치지 않고 따뜻하게 받아주었다. 그곳에서 일본에서 이민 온 친구도 만나게 되었고, 지금도 소셜 미디어를 통해 간간히 소식을 주고받고 있다. 그 센터를 보면서, 한국에도 이런 곳이 생기면 좋겠다는 생각을 해보았고, 한국에 지사를 내는 것은 아닌지 본사에 문의도 보냈지만, 아직까지 묵묵부답이다.

영국 여행 후, 캐나다로 여행을 떠났다. 나의 20대를 보낸 밴쿠버에 아이를 데리고 다시 가보니 감회가 새로웠다. 그곳에서 국산 차 한대 값 정도는 쓴 것 같다.(투쟁으로 받은 보험 진단금이 유용했다). 마지막으로 미국에서 한달살이를 계획하고 있었으나, 코로나가 터지면서 여행은 잠시 멈추게 되었다. 그동안 간간히 해오던 과외들을 안정적으로 하기 위해 작은 공부방을 얻어 수업을 시작했다. 제대로 된 장소에서 수업을 하다 보니 예전처럼 자유롭게 어디든 다니기는 점점 어려워졌다. 게다가 학원도 조금씩 커져서 확장하다 보니 더더욱 자리를 비우는 것이 쉽지 않았다. 해외여행을 멈추고 나서는 시골에 집을 하나 얻어 5도 2촌을 해보았다. 앞서 언급했듯, 나는 정말 남들 하는 건 다 해보는 트민

녀였다! 강남 한복판에서 평일을 보내고, 주말에는 산과 바다가 있는 강원도 고성으로 갔다. 거실 오른쪽으로는 바다가 있고, 왼쪽에는 설악산 울산바위가 보이는 집이었다. 도시생활과는 다르게 시골은 계절의 변화가 잘 보이고, 그 점이 참 좋았다. 또 한 가지 좋은 점은 강아지와 산책을 하며 동네를 한 바퀴 돌아도 사람을 거의 만나지 않는다는 것이었다. 서울에서 서로 어깨를 부딪히며 걸어 다니는 것과는 완전히 다른 느낌이었다. 극 E 성향을 지닌 나도 이제 나이가 드나 보다. 시골의 여유가 점점 좋아지기 시작했다. 고성에서 지내는 동안 평소 너무 배우고 싶었던 서핑을 배우기로 결심했다. 앉은뱅이도 일으킬 수 있다는 용한 서핑 선생님을 찾아 배웠다. 유후~ 잘 못 타지만, 신나!

현재 두 번째 수술 후 7년 차에 접어들었지만, 아직 완치 판정을 받지 못했다. 5년 차에 접어들었을 때 알게 된 사실인데, 아직 종양이 남아 있고 면역 치료를 받고 있기 때문이다. 하지만 재발이 아직 일어나지 않은 걸 보면 나름 잘 관리하고 있다는 위안을 얻고 있다.

항암 후 지속 가능한 관리 방법 몇 가지를 정해놓고 꾸준히 지켰다. 첫 번째로, 해독 주스를 꾸준히 갈아 마셨다. 유기농 당근, 토마토, 양배추, 브로콜리를 찐 후 사과와 바나나를 넣고 믹서기로 갈아 마시면 맛없을 것 같지만, 잠바주스처럼 생각하고 마시면 괜찮다. 5년 이상 꾸준히 마시다 보니 장이 아주 튼튼해졌다. 내시경으로 내 장을 보았을 때, 정말 매끄럽고 티끌 하나 없이 건강한 상태였다. 또 하나는 면역 자가 주사를 꾸준히 맞은 것이다. 면역 주사는 병원에서 처방받아 집에서 배에 직접 맞는 주사인데, 어떤 효과가 있는지는 모르지만 그냥 계속 맞았다. 그 덕분에 5년 생존율은 넘겼고, 이제는 관리 측면에서 조금씩 소홀해지긴 했지만, 그래도 잘 자고 잘 먹고 많이 웃으려 노력하며 살고 있다. 머리카락도 많이 자라서 파마도 하고 자르기도 한다. 왕년에 숱이 너무 많아서 미용실마다 돈을 더 내라고 했는데 그때만큼은 아니지만, 적당히 잘 자라났다. 몸에서 항암의 흔적이 점차 지워지면서 그때의 슬픔과 두려움도 조금씩 옅어지고 있다.

일상을 다시 산다는 것은 괴롭고 피곤하고 짜증이 나기도 하지만, 그럼에도 눈물 나게 감사한 일이다. 다시 돈을 벌고, 사고 싶은 것도, 갖고 싶은 것도 생기고, 미운 사람도 생긴다. 아플 때는 그런 것들이 다 부질없다고 생각했지만, 이제는 다양한 감정을 누릴 수 있다는 자체가 얼마나 건강한 삶인지를 매일매일 느끼며 산다. 짧고 굵은 성장통을 겪은 나는 하루하루가 누구에게나 당연히 주어지는 것이 아님을, 사랑하는 이에게 오늘 사랑한다고, 고맙다고 말해야 후회가 없다는 것도 어렴풋이 알게 된 것 같다. 지금 나에게 누가 제일 부럽냐고 묻는다면, 동네 문화센터에서 에어로빅을 하며 신나게 웃고 떠드는 할머니들이라고 대답할 것이다. 항암 치료를 받던 중, 〈아침마당〉을 보다가 할머니 댄서들이 나와서 춤추는 모습을 보며 하염없이 눈물을 흘렸던 기억이 있다.

고통은 누구에게나 예고도 없이 다가오지만, 나를 단련시키는 것은 그 고통과 고난 자체가 아니라 그 고통을 대하는 나의 자세라는 생각이 많이 들었다. 돌이켜 보면, 아프고 힘든 일을 겪을 때마다 하나씩 무기를 얻는 기분이다. 이전의 나는 아픔에 둔감하고, 연민이 부족한 사람이었다면, 이제는 무거운 군장을 힘겹게 홀로 메고 가는 이를 보면 함께 메주고 싶은 마음이 들고, 누군가 나를 찌르는 말을 할 때 그 말이 꼭 내가 미워서가 아니라, 그 사람이 고달픈 하루를 보내다가 미움의 화살이 중간에 나를 스쳐갔을 뿐이라고 생각하게 된다. 그렇게 나만의 방패도 얻을 수 있었다. 그리고 매일 성실히, 내일이 전쟁이라 하더라도 오늘 하루를 단련하고 내 무기를 점검하는 내가 되기를 바란다. 암이 나를 강하게 만들어 주었으니, 럭키비키!

Part

3

반려질병과 살아갑니다

지옥행 급행 버스

과민성 대장 증후군

박순영

달리는 고속버스가 지옥이 되는 순간

스물세 살, 여름휴가를 맞아 고향 친구들과 영덕에서 신나게 해수욕을 마치고 돌아오는 일요일이었다. 다음날 출근을 위해 고향인 안동에서 친구들과 헤어져 서울행 버스를 탔다. 평소 화장실이 없는 버스는 절대 타지 않는 나였지만 기차 시간을 놓쳐 어쩔 수 없었다. 일요일 서울로 향하는 고속도로는 늘 막히기에 만일을 대비해 버스 타기 전에 화장실을 다녀왔다.

한여름의 열기를 잠재우기 위해 버스 안은 마치 이동식 냉장고처럼 추웠다. 1박 2일 물놀이를 신나게 한 탓인지 갑자기 졸음이 쏟아졌다.

'서울까지 넉넉잡아 3시간 거리니까 도착할 때까지 잠이나 한숨 자야지.'

그렇게 눈을 감고 얼마 지나지 않아, 버스가 출발한 지 15분 정도 되었을까? 톨게이트에 들어가는 순간 등과 허리 아랫부분에서 서늘하게 한기가 올라왔다.

'이럴 순 없어. 안 돼. 올 게 왔다.'

마치 나를 저주하듯, 내 인생을 스토커처럼 따라다니는 그것이 왔다. 등허리에서 시작된 한기가 곧 아랫배에 싸르르르 내려앉더니, 영화 〈에일리언〉에 등장하는 외계인처럼 내 뱃속을 후벼 파며 돌아다니기 시작했다.

'맙소사! 어떡하지?'

라는 생각과 동시에, 복통이 걷잡을 수 없이 밀려왔다. 이마에는 식은땀이 송골송골 맺히고, 호흡은 거칠어졌으며, 다리에 힘이 빠지고 머리가 하얘졌다. 방금 톨게이트에 진입했으니 가장 가까운 단양 휴게소까지는 최소 40분. 그때부터 지옥에서 온 그 외계인 놈은 내 뱃속을 더 신나게 헤집고 돌아다녔다. 원래 안동에서 서울까지 운행되는 버스는 출발 후 약 2시간 뒤 원주 치악 휴게소에서 한번 휴식을 취한다. 하지만, 지금 이 상태로 그곳까지 갈 자신이 없었다. 결국 도저히 참을 수 없어, 안전벨트를 풀고 자리에서 일어나 기사님께 갔다.

"기사님… 차를 좀 세워주실 수 있나요?"

갓길에 차를 세운다 한들, 어디에 해결할지에 대한 대책도 없었다. 당장 버스에서 내려야 한다는 생각뿐이었다. '일단 갓길에 내리고 버스를 보낸 뒤, 고향에 계신 아빠에게 데리러 오라 하면 되지 않을까?'라는 생각을 한 것 같다. 짧은 순간 수많은 생각이 머릿속을 스쳐 지나갔다.

"이 아가씨가 말도 안 되는 소리 하고 있네. 위험해서 안돼요!"

기사님은 단호하고 짜증 섞인 목소리로 나를 호통쳤다. 그러고는 혼잣말 같지만, 분명 들으라는 듯한 의도가 다분한 톤으로 말을 덧붙였다.

"장난하나… 버스 타기 전에 뭐 하다가 말이야… 쯧!"

귀를 찌르는 '쯧' 소리에, 내 눈앞은 더 노래졌다. 예상했던 살벌한 반응이긴 했지만, 막상 듣고 나니 더욱 처참했다. 그럴 만도 한 것이 버스가 출발한 지 15분도 안 지났는데 세워달라고 하니, 기사님 입장에서 나를 이상하게 생각하는 것도 무리는 아니었다. 만약 내가 기사였어도 '이 손님 장난 하나?' 싶었을 것이다.

기사님의 혼쭐에 순간 주눅이 들었다.

'내 정신력이 좀 나약했나?'

잠깐 스스로를 다독이며 마음을 다잡아보려 했지만, 이미 내 대장은 멘탈보다 앞서 반응하고 있었다. 자리에 돌아와서 심호흡을 하며 마음의 안정을 찾기 위해 노력했다. 잠깐씩 기절도 한 것 같고 5분이 1시간처럼 느껴지는 지옥의 시간을 보낸 뒤 이제는 더 이상 버틸 수 없다 판단했다. 다시 안전벨트를 풀고 배를 감싸 쥔 채, 최대한 고통스러운 표정을 지으며 기사님께 다가갔다.

"기사님, 제가 배가 아파 죽을 것 같아요. 제발 버스 좀 세워주세요."

룸미러로 나를 흘끗 째려보던 기사님이 못마땅한 표정으

로 다시 한번 혀를 찼다. 그러더니 차량용 방송 마이크를 들고, 마치 뉴스 속보를 전하듯 쩌렁쩌렁한 목소리로 상황을 생중계했다.

"쯧! 여기 아가씨 손님이 화장실에 가야 된답니다! 원래는 치악 휴게소에서 쉬는데 단양 휴게소에서 쉬고 가겠습니다. 승객 여러분, 양해 부탁드립니다!"

'이런 고약한 아저씨 같으니라고! 꼭 그렇게 상세하게 방송할 필요가 있었나요!'라는 원망이 잠깐 스쳤지만 이미 내 몸은 유체이탈한 사람처럼 먼저 버스에서 내리고 있었다. 마치 손흥민이 골대를 향해 공을 차듯, 단양 휴게소 화장실을 향해 튕겨져 날아갔다. 환상의 골과 세레모니를 마치고 버스로 돌아오는 길, 수치심 따윈 내가 겪은 괴로움에 비해 아무것도 아니었다.

저주의 서막과 끝나지 않는 고통

결정적인 순간마다 나타나 내 뱃속을 후벼 파는 외계인의 정체는 과민성 대장 증후군이었다. 이 고질병이 시작된 건 아마 고등학생 때부터였던 것 같다. 뙤약볕이 반사되어 눈을 향해 강렬한 빛을 쏘아 대던 하얀 운동장, 세상 어디에 내놔도 부끄러울 만큼 촌스러웠던 초록색의 나일론 체육복을 입고 열중쉬어 자세로 오와 열을 맞춰 서 있는 여고생들, 〈오징어 게임〉에 등장하는 영희처럼 조금이라도 움직이면 가만두지 않겠다는 선생님들의 매서운 눈초리, 입술 양옆에 거품을 물고 벙긋벙긋 훈화 말씀을 하시던 교장 선생님. 그리고… 쥐어짜는 듯한 복통과 쏟아지던 식은땀, 빙글빙글 돌던 하늘. 이것이 내가 기억하는 과민성 대장 증후군 증상의 가장 오래된 기억이다.

그 이후로도 과민성 대장 증후군은 내 인생에서 보통의 날은 물론 중요하고 의미 있는 순간에 늘 나와 함께 해왔다. 등·하굣길 시내버스와 고속도로를 달리는 고속버스 안은 기본이고, 대학 수능을 보던 날, 오랜 기간 짝사랑하던 선배와 첫 데이트를 하던 날, 썸 타던 남자와 드라이브하던 날, 어렵게 입사 서류를 통과하고 면접을 보던 날, 중요한 아침 회의가 있던 후텁지근한 만원 지하철 안, 회사 전체 워크숍 가는 전세버스 안, 노발대발 화가 난 부장에게 꾸지람을 듣던 회의 중간, 승진을 위해 1년간 준비하여 자격시험을 보던 날, 오도 가도 못하게 막히는 강남대로 한복판, 한번 들어서면 유턴도 못 하는 남산터널 안, 동전이 없는데 화장실을 써야 하는 파리 에펠탑 근처에서도….

왜 하필 이런 순간, 왜 하필 이런 곳에서, 왜 하필 지금? 조금만 긴장이 되거나 '화장실에 갈 수 없는 환경'이라는 생각을 하는 순간, 어김없이 복통은 시작되었다. 너무나 반복되는 이 저주 같은 상황에, 한때는 이런 생각까지 들었다.

'차라리 수술하고 약 먹어서 고칠 수 있는 병은 병도 아니다.'

나중에 출산 후 알게 된 사실인데 내가 겪은 복통들은 출산 전 오는 가진통과 비슷한 수준의 고통이었다. 남들은 평생 한두 번 겪을 진통을, 나는 평생 겪으며 살아왔던 것이다. 이 얼마나 억울한가!

고통을 해결하기 위해 소화기내과, 대장항문외과 등을 전전하며 검진과 대장내시경을 받았다. 하지만 그 흔한 용종 하나도 발견되지 않았고, 결국 돌아오는 진단은 한결같았다.

"과민성 대장 증후군이네요."

일반적인 사람들은 장 속에 변이 100ml가 차야 변의를 느낀다. 하지만 나는 10ml만 차도 신호를 느낀다는 것이다. 예민한 성격도 아닌데, 왜 장만 유독 예민한 것인가. 도대체 왜! 이 병명은 '예민성' 대장 증후군도 아니고 '과민성' 대장 증후군인가! 의사들은 타고난 성격처럼 내 대장은 과민한 성격을 타고난 것이라고 했다. 겉으로 보기엔 낙천적이고 둔한 성격 같아 보여도, 내 몸의 감각들은 의외로 과민한 구석이 있었나 보다.

"스트레스받지 마시고, 자극적인 음식은 피하세요."

라는 나도 내릴 수 있는 의사의 뻔한 진단을 받고 얼마나 허탈하던지. 아! 아까운 내 진료비.

과민성 대장 증후군은 불편하지만 일상에서는 멀쩡해 보인다. 병 취급도 못 받고 약도 없으니 남들의 동정과 위로 따위는 기대할 수 없다. 나는 한없이 괴롭지만 남들이 보기엔 그저 우스꽝스럽고 지저분한 병. 이게 병이냐고, 장만 예민한 건데 너무 유난 떠는 거 아니냐고 경험해 보지 않은 사람들은 말할 수도 있다. 하지만 경험자들은 잘 알 것이다.

과민성 대장 증후군은 단순한 불편함이 아니라, 삶의 질을 극적으로 떨어뜨리는 질병이라는 것을….

외롭지 않게도, 나만 이 병을 앓고 있는 건 아니다. 2023년 기준 한국에서 과민성 대장 증후군으로 병원을 찾은 환자가 140만 명이나 된다고 한다. 맵고 짠 음식 문화, 잦은 회식, 엄동설한에도 마시는 아이스 아메리카노, 스트레스가 일상이고 워커홀릭이 많은 대한민국에서 어쩌면 과민성 대장 증후군은 당연한 질병인지도 모른다.

이 병의 주요 원인은 장내 미생물 불균형, 장 운동성 이상, 장벽 기능 장애, 심리적 요인, 호르몬 변화 등 다양하다고 한다. 내 경우, 심리적 요인이 가장 컸다. 나도 치료를 위해 유산균이나 한약도 먹어 보고, 혈자리를 찾아 지압도 해 보았다. 일본의 핫하다는 지사제도 먹어 보고 용하다는 방법을 찾아 이런저런 노력들을 해보았지만 모두 무용지물이었다. 나름대로의 해결책으로 찾은 것은 중요한 약속이 있을 때 며칠 전부터 굶기, 찬 우유를 벌컥벌컥 마시거나 유산균 음료로 장을 비워 두기, 가급적 대중교통 피하기 등이었다. 하지만 이 모든 방법도 결국 임시방편일 뿐 근본적인 해결책이 아니었다.

출산 후 마주한 또 다른 전쟁, 워킹맘의 삶

아이를 낳고 나니 예측하지 못하는 고통스러운 상황은 더 자주 일어났다. 결혼 4년 만에 나에게도 소중한 아이가 태어났다. 직장을 다니던 나는 양가 부모님의 도움을 받을 수 없어 베이비시터를 고용해 18개월 동안 육아를 했다. 하지만 베이비시터가 개인적인 사정으로 일을 그만두면서, 아이를 어린이집에 보내야 했다. 당시 나는 아침 8시 30분까지 출근해야 했지만, 집과 회사의 거리가 너무 멀었다. 베이비시터를 다시 구하는 것도 여간 어려운 일이 아니었다. 일과 육아를 병행하는 것이 도저히 현실적으로 불가능하다고 판단했다. 결국 좋아하고 익숙한 동네를 떠나 회사 가까운 곳으로 이사를 했다.

아침 7시 20분. 아파트 단지 내에 서울에서 가장 일찍 문을 여는 서울형 어린이집이 있었다. 겨울이면 아직 해도 뜨지 않아 컴컴하고 싸늘한 새벽 공기를 가르며 집을 나섰다. 선생님이 오시기도 전에 아이와 문 앞에서 기다리다 1등으로 어린이집에 들여보내고 출근했다. 회사 근처 동네로 이사를 했음에도 서울 한복판이라 차가 막혀 회사에 도착하면 8시 27분, 28분. 늘 아슬아슬하게 헐레벌떡 사무실로 들어갔다.

그렇게 초 단위로 움직이며 사투를 벌이던 어느 겨울 아침이었다. 평소처럼 새벽부터 일어나 아이를 깨워 아침밥을 먹이고, 세수시키고, 내의 입히고, 실내복 입히고, 양말 두 짝을 신기고, 겉옷 입히고, 패딩 입히고, 신발 신기고, 모자 씌우면 비로소 어린이집 등원 패션 완성!

'애가 아프면 워킹맘은 더 힘들어진다! 절대 감기에 걸리게 해선 안 돼!'

라는 일념으로 눈사람처럼 꽁꽁 싸맨 아이를 데리고 엘리베이터를 탔는데, 그 순간 아이가 말했다.

"엄마, 똥!"

다시 집으로 달려 들어가 모자 벗기고, 신발 벗기고, 패딩을 벗기고, 겉옷 벗기고, 실내복 바지 내리고, 내의 바지를 내리고, 팬티를 내리고, 볼일을 보게 한 후, 엉덩이를 닦아주고, 팬티를 입히고, 내복 바지를 입히고, 실내복 바지를 입히고, 겉옷 입히고, 패딩 입히고, 신발을 신겨 모자를 씌운 뒤 엘리베이터를 탄다.

악! 오늘도 지각 확정!

그렇게 나는 매일 '지각하는 사람'이 되어갔다. 누군가는 눈짓으로, 누군가는 대놓고 말했다.

"아침마다 애 핑계 대는 거 아냐?"

하지만 나는 정말 최선을 다해 노력하고 있었다. 그 시절 나는 다이어트 없이 체중이 8kg이 빠졌다. 퇴근도 마찬가지였다. 회식도, 야근도 내겐 사치였다. 아이를 데리러 가야 했기 때문이다. 일하는 엄마라고 유세를 부리거나 특혜를 달라는 것이 아니었다. 단지 동등한 기회를 원했을 뿐이었다. 하지만 대한민국 워킹맘에게 그마저도 사치였다.

회사에서는 어느새 나의 성과보다 '칼퇴근하는 사람'이라는 인식이 박혔다. 언젠가부터 나는 '팀의 짐'처럼 여겨졌고 결국 나는 회사에서 살아남지 못했다. 승진 대상자였지만, 부담이 되었는지 인사팀에서는 내 업무와 전혀 상관이 없는 곳으로 발령을 냈다. 사실상 유배를 당했다. 그 이유도 기가 막혔다. 내게 남편이 있어서 괜찮지 않냐는 거였다.

  회사에서 살아남기 위해, 아이를 잘 키우기 위해 최선을 다했지만 쉽지 않았다. 아이를 하루 종일 떼어 놓고 회사에 다니는 이유는 단순히 돈을 벌기 위함만은 아니었다. 아이와 함께하는 시간을 대신하는 만큼 일하는 시간을 최대한 가치 있는 순간으로 만들고 싶었다. 시스템의 결정만 기다리며 정해주는 대로 살기 싫었다. 내 시간과 삶을 주도적으로 살고 싶었다. 눈치 보는 일터에서 벗어나, 내가 나로서 존재할 수 있는 삶을 찾아야 했다. 나에게 남은 선택지는 하나였다. 스스로 회사를 떠나는 것.

  결국 10년간 청춘을 갈아 넣었던 회사를 떠났고, 10시부터 5시까지 근무가 가능한 스타트업으로 이직했다. 근무시간을 줄이는 조건으로 연봉을 줄였다. 아이 키우며 일하기엔 전 회사보다 나았기에 줄어든 연봉이 전혀 아깝지 않았다. 그렇게 시간이 흘러 아이도 어느덧 유치원생이 되었다. 그런데 아이가 등원 길에 갑자기 배가 아프다고 해서 다시 집으로 돌아오는 일이 조금씩 늘어갔다. 과민성 대장 증후군은 나뿐만 아니라 내 아이에게도 대물림된 것이다. 전 직장에서의 트라우마 때문일까? 아이의 아픈 배보다 회사에 늦는 것에 대한 걱정이 먼저였다. 아이는 아무 죄가 없는데 아이에게 괜한 짜증을 부렸다. 나는 이렇게 열심히 사는데 왜 매일 아이에게도, 회사에게도 끝없이 미안한 사람이 되어야 하는지 세상이 원망스러웠다.

초등학교 때도 몇 번의 급똥 이슈로 등교 선생을 치른 후, 어느새 아들은 중학생이 되었다. 가끔 학교 가는 버스를 타야 하는데 갑자기 배가 아프다며 집으로 돌아오는 아들을 보며 미안함이 밀려온다.

"너~ 학교 가기 싫어 꾀병 부리는 거 아니야?"

으름장을 놓아보지만 마음 한편에서는 자책감이 몰려왔다.

'물려 줄 게 따로 있지 이런 걸 유전으로 물려주다니.'

그 고통을 누구보다 잘 알기에… 너무 미안하지만 사춘기 아이가 혹여 원망할까 봐 걱정이 된다. 내가 해줄 수 있는 건 그저 버스를 놓친 날 학교까지 운전해서 데려다 주거나, 가방에 휴지를 넣어주거나, 유산균을 챙겨주는 것 정도이다. 과민성 대장 증후군 선배로서 내가 해줄 수 있는 것이 그것밖에 없다. 미안해 아들.

반려질병 살살 달래며 살아가기

이렇게 지긋지긋한 과민성 대장 증후군과 함께한 지 어느덧 30년이 넘었다. 늘 극한의 고통까지 나를 몰아붙이며 스토커처럼 따라다닌 질병. 매 순간이 고난이었지만 그럼에도 불구하고 나는 매번 이겨냈다. 다행히 단 한 번도 선을 넘어 돌이킬 수 없는 망신을 당한 적이 없었다는 것, 이 얼마나 감사한 일인가! 신은 견딜 수 있는 시련과 고통만 준다고들 하지 않나? 그러고 보면, 내 인간적인 존엄까지 완전히 무너뜨릴 만큼의 고통은 주지 않았던 것 같다. 나를 짓궂게 종종 괴롭히지만, 그래도 이 친구, 애는 착한 것 같다.

최근에 깨달은 사실이 있다. 과민성 대장 증후군이 아무 때나 예고 없이 찾아오는 예의 없는 불청객인 줄로만 알았는데, 이제 보니 나름 기척이라도 하고 온다는 것을. 평상시처럼 생활하다가 갑자기 몸이 배터리 잔량 1% 남은 휴대폰처럼 급격히 피로감이 몰려오고, 졸음이 쏟아지는 순간이 있다. 이게 바로 '그것'이 온다는 신호인 것이다! 그 후에는 어김없이 복통이 시작된다. 오랜 세월 함께 지내다 보니, 이제야 신호를 알아챌 수 있게 되었다. 나름대로 체득한 극복 방법은 이 신호를 알아차리고, 그것을 피하는 것이 가장 최선이라는 결론에 다다랐다.

그러고 보니 나의 마음과 컨디션을 가장 먼저 감지하고 신호를 보내주는 존재가 바로 나의 과민한 대장이었다. 자유롭지 못한 상황, 주도적으로 통제할 수 없는 자리, 가기 싫은 자리, 긴장되는 자리… 이럴 때마다 대장이 나에게 먼저 경고를 보낸다.

"너 지금 상태 안 좋아. 어서 피해!"

어쩌면 나를 보호하기 위해, 내 오장육부 중 가장 예민한 대장이 필사의 힘을 다해 나에게 신호를 보내는 것일지도 모른다. 만약 지난 30년간 상황이 주는 억압과 고통을 계속 참고 눌러만 뒀다면, 아마도 내 몸의 다른 곳에서 더 큰 탈이 났을지도 모른다.

어차피 평생 함께할 '반려질병'이라면, 조금은 긍정적으로 생각해 볼 수도 있지 않을까. 과민성 대장 증후군 덕분에 나는 본능적으로 불편하고 긴장되는 환경을 피하는 법을 배웠다. 지옥행 고속버스는 절대 타지 않고, 웬만하면 운전을 하거나 지하철이나 기차를 이용한다. 교통 체증이 심하고 주차가 힘든 도심보다는 외곽에 살며 언제든 화장실에 갈 수 있는 여유 있는 곳에 터를 잡았다. 내가 갑자기 지저분한 얘기를 하며 자리를 오래 비워도 원래 그러려니 하며 편하게 받아줄 수 있는 사람들 곁에 머문다. 장에 트러블 없는 순한 음식들 위주로 먹고, 될 수 있으면 찬 음식은 먹지 않으려 하니 오히려 건강에도 좋다. 한여름에도 급똥 유발자 아이스 아메리카노보다 꿋꿋하게 뜨거운 아메리카노를 마신다. 무엇보다, 이제는 내 컨디션에 맞춰 일할 수 있도록 창업을 했다. 출퇴근 시간부터 업무 일정까지 모든 것을 내 마음대로 조절할 수 있는 삶을 만들었다. 그렇게 생각해 보면, 과민성 대장 증후군이 내 삶의 방향을 어느 정도는 결정해 준 셈이다.

반려질병 덕분에 시나브로 다양한 '잔기술'들도 생겼다. 일단 운전을 기가 막히게 잘하게 되었다. 단체로 버스를 타고 이동하는 패키지여행은 애초에 불가능하니, 자연스럽게 자유여행 전문가가 되었고 해외에서도 렌터카 여행을 척척 할 수 있다. 직장이 있던 명동역까지 4호선을 타고 다녔는데, 화장실이 어느 역에 있는지, 개찰구 안에 있는지 밖에 있는지, 몇 번 칸에서 내려야 빨리 화장실로 뛰어갈 수 있는지 등… 다른 이들에겐 무용하지만 과민성 대장 증후군으로 고통받는 동지들에겐 유용한 빅데이터가 자연스럽게 수집된 것도 그로 인해 생긴 능력이다.

  사람들은 한 번 아팠던 경험을 바탕으로 조금 더 나은 내가 되기 위해 노력한다. 식습관을 바꾸거나, 환경을 바꾸거나, 운동을 하거나, 명상을 하거나… 나도 과민성 대장 증후군 덕분에 조금 더 나 자신을 배려하는 환경을 만들어가게 되었다. 나이가 들수록 남에게 맞추기보다 내 마음이 편하고 내 몸이 원하는 환경에서 살아가는 것이 진정한 행복이 아닐까. 그리고 원하는 순간에 자유롭게 배변할 수 있다는 것, 바쁜 도시 속 현대인들에게는 생각보다 큰 특권일지도 모른다. 그렇게 생각해 보면, 나는 참 행복한 사람이다!

It's Enough! 이것만으로 충분해!

내 브랜드 '말끔살림'의 슬로건처럼, 나를 불편하게 하거나 필요 없는 것들을 덜어내고 정말 필요한 것만 남기는 삶을 지향한다. 그런데 돌아보면, 이 철학은 어느 날 갑자기 생긴 게 아니다. 과민성 대장 증후군 덕분에 나는 자연스럽게 '최소한'을 고민하게 됐다. 내 몸이 스스로 신호를 보내며 '너무 많은 걸 담으려 하지 마.'라고 말해준 셈이었다. 결국, 꼭 필요한 것만 받아들이고, 불필요한 건 과감히 내려놓는 삶을 선택하게 되었다.

아! 그리고 가장 중요한 것! 화장실과의 숨바꼭질, 급하게 장소를 찾아 헤맨 순간들… 친구들과의 모임에서는 언제나 웃음거리였다. 시간이 지나면서 쌓인 이야기들이 많아졌고, 어느 순간 친구들이 말했다.

"너, 이 얘기로 책 한 권 써도 되겠다."

그저 웃으며 넘기던 말이었는데 결국 반려질병 덕분에 이렇게 책도 써보게 되었다. 갑자기 내 반려질병 사랑스럽다고 하면 너무 억지인가? 그러나, 방심하는 순간, 신호를 무시하는 순간, 어김없이 다시 찾아오는 친구. 이 반려질병 덕분에 나는 겸손함도 배운다.

  하늘이 허락하는 그 순간까지, 완전무결한 건강을 유지하며 살아가는 사람은 없다. 나이가 들면 누구나 크고 작은 질병과 함께 살아가게 된다. 병의 경중에 따라 다르겠지만, 100세 시대에는 누구나 유병자가 되는 것이 필연적이다. 어차피 한두 가지쯤은 갖고 가야 하는 질병이라면, 너무 괴로워하기보다 살살 달래고 다스리며 살아가는 수밖에. 이렇게 아픈 이야기를 나누며 공감과 위로를 건네고, 정보를 공유하고 때론 웃음으로 승화시키면서 말이다.

  마지막으로 오늘도 어디선가, 급하게 똥밍아웃 못 하고 식은땀을 흘리고 있을 대장증후군 동지들에게 깊은 공감과 위로와 응원의 마음을 전한다.

  그리고 이 글을 읽는 모든 분들께 작은 부탁이 있다. 버스에서 누군가 사색이 된 표정으로 내리려고 한다면, 그 순간만큼은 인류애와 연민을 담아 기사님께 힘껏 함께 외쳐주자.

  "기사님! 여기 사람 내려요!"

평생 골골대는 사람,
그게 바로 나예요

비염·허리디스크

글쓰는하루

누구에게나 아픔은 있다

'사지 멀쩡하게 살아 숨 쉬는 게 얼마나 큰 복인지 아느냐?'라는 말을 접할 때면 절로 마음이 비뚤어지곤 했다. 삶에 대해 불평하는 사람들에게 어른들이 흔히 던지는 이런 류의 조언을 들을 때면, 나처럼 '가늘고 애매하게' 골골대는 사람은 힘들다는 말을 감히 입 밖에 내지 말라는 것 같아 괜히 부아가 치밀었던 것이다.

초등학교 때부터 아파서 학교를 빠지는 날이 많아 한 학년만이라도 개근상을 타 보는 게 소원이었던 허약한 아이, 반짝반짝 빛나야 할 청춘 시기에도 골골댔던 저질 체력의 소유자. 이런 내가 마흔이 넘은 지금 체력이 좋아졌을 리는 만무하다. 아침에 눈을 떴을 때 몸과 마음이 상쾌하면 얼마나 좋을까. 매일 같이 아침이면 천근만근 무거운 몸을 억지로 일으켜 오직 정신력으로 하루를 버틴다. 대학 시절부터 본격적으로 나를 괴롭히기 시작한 비염은 안 그래도 간당간당한 에너지마저 야금야금 갉아먹고, 툭하면 재발하는 허리디스크는 삶을 대하는 태도를 소극적으로 만드는 데 한몫 제대로 하고 있다.

비염과 허리 디스크? 현대사회를 살아가는 사람이라면 흔히 갖고 있는 질병이니 별거 아니라고 넘어가야 할까. 거동이 불편할 정도의 장애가 있거나 생사를 오가는 병도 없고, 매일 일터로 나가 밥벌이를 할 정도는 되니까 그저 행복하다고만 생각해야 하나. 나처럼 하찮은 질병을 가진 사람은 느끼는 고통의 정도도 당연히 작아야만 하는 걸까.

"그 정도면 복받은 줄 알아야지."라는 말은 물론 본인이 가진 작은 것에도 감사하라는 긍정적 의미를 갖고 있지만, 동시에 개인이 가진 고민의 다양성에 대한 고려는 자칫 부족한 발언이 될 수도 있다고 생각한다. 그래서 각자의 아픔에 대한 배려가 없는 이 획일적인 조언에 톨스토이의 『안나 카레니나』의 유명한 도입부로 답하고 싶다.

"행복한 가정은 서로 비슷하지만 불행한 가정은 각자 자기 방식으로 불행하다."

내 인생을 망치러 온 나의 반려질병

봄이면 꽃가루가 날려서, 여름이면 에어컨 바람이 차가워서, 가을이면 일교차가 커서, 겨울이면 원래 비염이 심해져서, 어떤 계절을 맞아도 재채기를 하고 코를 푸는 일상은 변함이 없다.

단순히 코가 간지럽고 콧물만 나는 것이 아니라, 증상이 심할 때는 눈도 가렵고 온 얼굴이 견딜 수 없이 가려워 얼굴을 벅벅 문지를 때도 있다. 특히 겨울에 된통 잘못 걸리면 콧물이 기관지로 넘어가서 기침이 쉬 멈추지를 않는다. 회의를 하다가 사레들린 것처럼 멈추지 않는 기침 때문에 빨개진 얼굴로 밖으로 뛰쳐나간 적도 많고, 숨이 끊어질 듯한 공포에 시달린 순간도 있다. 한 달 넘게 떨어지지 않는 콧물과 심한 기침으로 밤에는 잠을 이루지 못하고 천식약을 먹던 시절도 있었다. 일 년 365일 감기 기운을 달고 사는 몽롱하고 축 처지는 느낌을 비염이 없는 사람들은 이해할 수 있을까?

정확히 언제부터 비염 증상이 시작되었는지는 기억이 나지 않는다. 어릴 때부터 걸핏하면 감기에 걸렸는데 일부는 비염 증상이었겠구나 추측만 해 볼 뿐이다. 당시는 알레르기나 비염에 대한 인식 자체가 지금처럼 흔하게 퍼지지 않았을 때라 그저 감기에 잘 걸린다고만 여겼으니까. 분명한 건 대학 시절부터는 비염이라고 확신할 수 있을 정도로 툭 하면 맑은 콧물을 풀어댔다는 것. 인생에서 가장 풋풋하고 아름다워야 할 대학 시절. 활력 넘치는 20대의 모습은 나에게서 찾기 힘들었다. 대체 내 몸 어디서 콧물이 이렇게 끝도 없이 쏟아지는 건지 진저리를 치며, 별거 안 해도 늘 몸이 처지고 피곤한 일상을 보냈다.

일주일 중 7일을 꼬박 약속을 잡고 신나게 돌아다니는 친구들을 보면 그 에너지가 부러웠다. 나는 친구들과 외출을 할 때도 연속으로 이틀 이상 나가는 일이 없도록 느슨하게 스케줄을 잡았고, 집에 일찍 돌아와 쉬는 날이 외출하는 날보다 더 많도록 일정을 철저히 관리했다. 그 규칙을 깨는 순간 몸살이 나든 감기에 걸리든, 꼭 탈이 나곤 했으니까. 보통 친구들과 만나면 많은 사람들로 북적이는 장소를 가게 되다 보니, 외출은 늘 비염 증상을 악화시키는 원인이 되었고 중간중간 집에서 몸을 회복하는 시간이 필요했다.

비염이라는 별거 아닌 질병은 나를 점점 위축시켜 매사에 소극적인 사람이 되게 만들고, 내 활동 반경을 서서히 좁혀 갔다. 예민한 호흡기를 지키기 위해 조심한다고 한 행동들이, 컨디션이 떨어지지 않게끔 신경을 쓰는 일들이, 결국 나를 아무것도 못 하게 만들었다. 대학 시절과 사회초년생, 한참 분주하고 즐겁게 다양한 세상을 경험해야 할 시기에 나는 스스로 울타리를 만들어 점점 좁은 곳으로 파고 들어갔다.

학교와 직장에서 내게 주어진 의무를 문제없이 수행하는

것만을 목표로, 그 외에 조금이라도 힘에 부칠 것으로 예상이 되는 활동들은 다 우선순위에서 미뤘다. 피곤하면 비염이 더 심해지고, 호흡기가 약해서 걸핏하면 컨디션 난조를 보이는 몸이니 조금의 '무리'도 허용하지 않는 삶이었다. 따라서 도서관에서 밤을 새우며 열중하는 일도 없었고, 젊으니까 할 수 있는 무모한 도전 따위도 해 본 적이 없다. 사회에 나온 후에도 입사 동기들과 모처럼 회포를 푸는 날조차 마음 한구석에는 내일 녹초가 되어 끙끙 앓게 될까 봐 근심이 가득한 채, 하루하루를 그저 조심조심 살얼음판을 걷는 심정으로 젊은 시절을 걱정과 염려로 보냈다.

이대로 갇힌 채로 살아야만 할까

비염이 이렇게 삶의 의욕과 열정을 서서히 갉아먹은 것도 모자라, 허리 디스크는 내 20대 초반의 한 조각을 통째로 날려버렸다.

고등학생 때부터 통증과 불편감이 있어서 불안불안했던 허리가 대학 시절 말 그대로 '터져버린' 것이다. 청소년 시절 허리가 아파 병원을 찾았을 때, 내 척추가 선천적으로 생긴 모양이 좋지 않아서 디스크 증상을 조심해야 한다고 들었는데 대학교 3학년 때 올 것이 와 버렸다. 학교에 가려고 집을 나섰다가 갑작스러운 통증 때문에 길에서 오도 가도 못하는 지경이 되어버린 것이다.

당시 집 근처 지하철역으로 걸어가다가 극심한 고통으로 주저앉은 채 다시 일어 서지도, 걸음을 뗄 수도 없는 상태로 엉엉 울며 엄마에게 전화를 걸었던 기억이 생생하다. 다리 옆쪽에 전기가 흐르는 듯한 찌릿하고 날카로운 느낌, 발을 동동 구르고 눈물이 펑펑 쏟아질 정도의 고통, 다리를 펼 수도 구부릴 수도 없는 기분 나쁜 통증은 디스크 파열로 인한 것이었고 수술해야만 했다. 수술 날짜를 잡고 대기하는 기간 동안 통증으로 몸부림쳤던 날들을 생각하면 아직도 마음이 서늘해진다. 다리가 오그라드는 듯한 느낌과 날카로운 통증은 어떤 자세를 취해보아도 없어지지 않았고, 통증 때문에 잠들 수도 없어 울다 지쳐 잠시 기절하듯 간헐적인 수면만 취하는 밤들은 무섭도록 길었다.

수술로 파열된 디스크 조각을 빼내자 고통은 순식간에 사라졌지만 재활 기간 동안 의자에 앉는 게 금지되었다. 앉아 있는 자세가 허리에 가장 큰 하중을 주기에 회복 기간 동안 잠시 잠깐이라도 절대 앉으면 안 되었던 것이다. 하루 종일 다리를 구부리고 천장을 보며 누워 있다가 식사시간이면 잠깐 일어나 선 채로 밥을 먹고, 또 똑바로 누워 있는 나날들을 보내야 했다. 외출은 꿈도 꾸지 못한 채 집안에 꼼짝 못 하고 누워있던 순간조차 비염은 야속하게도 매일같이 나를 찾아왔고, 나는 멍하니 누워서 코를 풀며 20대 청춘을 방 안에서 그저 흘려보내고 있었다.

화양연화의 시간

하루 대부분을 누워 있다가 복대를 차고 잠시 서 있을 수 있는 그 시간 동안 결심했다. 허리만 나으면 외국에 나가겠다고. 해외에서 꼭 한 번 살아봐야겠다고. 당시 스물두 살의 나는 대학생의 상징인 배낭여행도 가 본 적이 없는 집순이였다. 비염 때문에 여행은커녕 친구들과 잠시 하는 외출조차도 자주 하지 않았으니까.

당시 해외여행을 가본 적도 없었고, 영어와 전혀 상관없는 전공이라 어학 연수를 계획해 본 적도 없었다. 그런데 아픈 몸 때문에 휴학하고 몇 달을 방에서 누워만 있다 보니 갑자기 억울한 생각이 들면서 어디든 떠나서 외국에 살아보고 싶다는 마음이 생겼다. 그리고 그 결심은 내 인생에서 가장 빛나고 행복한 순간들을 만들어 주었다.

첫 해외여행으로 부푼 마음을 안고 도착한 곳은 캐나다였다. 영어권 국가 중 치안이나 물가가 무난한 곳이라는 이유로 선택한 아름다운 단풍국은, 도착 즉시 코가 뻥 뚫리는 마법을 선사해 준 곳이다. 그곳의 공기가 한국보다 얼마나 맑은 건지 정확한 수치는 모르겠지만, 캐나다에 도착하고부터 거짓말처럼 비염 증상이 없어졌고 그곳에 머문 약 9개월의 기간 동안 참으로 오랜만에 휴지를 들고 다닐 필요가 없는 일상을 보냈다. 여러 나라에서 온 친구들과 함께 그 어느 때보다 에너지 넘치는 모습으로 20대 청춘답게 활기찬 시간들을 보내며, 캐나다의 아름다운 자연이 내 지독한 비염을 낫게 했다고 믿으며 하루하루를 기쁘게 채워갔다. 날벼락 같았던 허리 디스크가 무기력한 집순이를 캐나다라는 이국땅으로 이끌었고, 오랜 비염까지 치유해 준 셈이었다.

하지만 캐나다의 마법은 오직 그 땅에 머무를 때만 주문이 통했다. 한국으로 돌아오고 얼마 지나지 않아, 잊고 지냈던 비염 증상들이 다시 나타나기 시작한 것이다. 마치 '한국에서 내내 널 기다리고 있었어.'라고 소리치는 것처럼, 콧물들은 다시 봇물 터지듯 연일 쏟아져 내리기 시작했다.

한국과 캐나다 간 장시간 비행에도 끄떡없던 허리도 다시 이상 증세들이 슬슬 보였다. 코를 풀고 감기 기운을 달고 사는 일상, 허리나 다리에 불편한 느낌이 들때마다 디스크 재발을 걱정하며 흠칫 놀라는 날들이 또다시 시작된 것이다.

떠나보내기 너무 힘든 반려질병들

캐나다에서 잠시 건강하고 행복하게 보냈던 시간 이후 20년이 지난 지금, 한 아이의 엄마로 회사의 부장으로 지내고 있는 요즘도 여전히 비염에 시달리고 한 번씩 디스크 증상 때문에 가슴이 철렁한다.

비염을 한 번 마음먹고 고쳐보겠다고 대학병원을 다니며 알레르기 반응 검사를 하고 수년간 면역주사를 맞았지만 결국 완치 개념이 없는 질병이라는 씁쓸한 결론에 다다랐다.

일단 내 몸은 너무 많은 물질에 알레르기 반응을 보이는 게 문제였다. 알레르기 검사는 엎드려서 등 피부 위에 사람들에게 알레르기를 유발하는 각종 물질들을 조금씩 묻혀가며 반응을 살핀다. 나는 거의 모든 물질에 알레르기 반응을 일으키며 등판 전체가 시뻘겋게 변해버려서 사실상 온 세상이 내게 알레르기 유발 물질인 셈이라는 걸 확인했다.

면역주사 치료는 내게 알레르기를 일으키는 물질들로 맞춤 주사액을 만들어 몸에 주입한다. 잔소리도 자꾸 듣다 보면 나중에는 무뎌지는 것처럼, 내 몸도 좀 둔감해지라고 계속 알레르기의 원인이 되는 물질을 접하게 하는 원리다. 처음에는 주 1회로 시작해서 적응이 되면 격주, 다음에는 월 1회 정도로 간격을 늘려가며 너무나 예민한 내 몸에 이제는 좀 둔해지라고 계속 잔소리를 들려주는 셈이다.

집에서 약 1시간 가까이 걸리는 대학병원에 정기적으로 찾아가며 수년간 주사를 맞으며 치료를 시도해 봤지만, 결론적으로 아직도 나는 코를 푼다. 그래도 주사를 맞기 전보다는 일상이 나아지긴 했다. 이전에는 겨울이면 밤새 콧물이 나와 잠을 못 이룬 날도 많았고 천식으로 이어질 정도로 심할 때도 있었지만, 면역주사를 맞은 후에는 그래도 증상이 완화되어 잠잠한 날들도 있다는 게 위로가 된다. 완전히 뿌리 뽑을 수는 없었지만 매일 비염약에 의존해야 할 정도는 아니다.

허리 디스크도 내 몸에서 아주 떠나 보내지는 못했다. 대학 시절 수술을 하며 호되게 당한 이후 늘 조심하려고는 하지만, 척추 모양 자체가 선천적으로 좋지 않은 탓인지 통증이 자주 찾아온다. 얼마 전에는 과거 급히 수술을 했을 때와 비슷하게 엉덩이와 다리 옆쪽을 타고 흐르는 찌릿한 통증 때문에 밤새도록 잠들지 못하고 고생한 적이 있다. 또 수술하게 될까 봐, 아무것도 못한 채 또 의미 없는 시간을 보내게 될까 봐 너무 두려웠다.

더욱 겁이 났던 건, 디스크 수술을 받았던 당시의 나는 대학생이라 그저 내 몸 회복에만 신경을 쓰면 되었지만 지금의 나는 너무 많은 책임을 어깨에 짊어지고 있는 워킹맘이라는 사실. 내가 허리 수술을 받아 꼼짝 못 하게 되면, 지장을 받는 것들이 너무나 많다. 회사에서 밥값을 하기 위해 책임져야 하는 업무들, 그리고 내 아이의 하루하루, 모든 것이 내가 멈추는 순간 엉켜버린다. 아파서는 안 되는 몸이라는 사실에 정형외과에서 검진 결과를 기다리는 내내 마음을 졸여야만 했다.

 검진 결과는 역시나 좋지 않았다. 디스크가 흘러나와 신경을 압박해서 통증이 있었던 것. 역시 또 수술을 해야 하나 싶어 절망에 빠지려던 찰나, 불행 중 다행으로 흘러나온 디스크가 희한하게도 현재는 신경을 크게 건드리지 않는 위치에 쏙 들어가 있다는 설명을 들었다. 며칠 약을 먹어서 통증이 가라앉았나 생각했는데, 디스크가 수술이 필요하지 않는 공간으로 알아서 잘 찾아갔다며 의사 선생님도 신기하다는 듯 얘기하시는 게 아닌가.
 물론 얌전히 자리 잡은 디스크가 어떤 이유에서든 다시 좋지 않은 위치로 옮겨갈 가능성도 있지만, 일단 지켜보는 걸로 결론이 났다. 시한폭탄이 폭발하기 직전 타이머가 멈춘 느낌. 뇌관을 싹 제거했더라면 깨끗이 잊고 후련한 마음으로 살 텐데, 타이머가 언제 다시 째깍째깍 활동하게 될지 몰라서 영 찜찜하긴 하다.

완전히 뿌리 뽑지 못한 비염, 잊을 만하면 재발하는 디스크 증상. 이렇게 내 일상을 늘 함께하는 병들은 매일같이 내 에너지를 갉아내고 있고, 나는 하루하루 빠르게 소진되는 느낌을 받는다. 삶에 엄청난 고통을 주는 건 아니지만, 늘 잔잔한 불편을 주고 몸 한구석에 떡 하니 자리 잡고 있는 이 지독한 반려질병들. 내 삶의 한쪽 끝에 꼬옥 붙어서 떨어질 생각을 하지 않는 지긋지긋한 존재들. 털 날려서 비염이 악화될까 봐 반려동물들은 키울 생각도 안 해봤는데, 어찌 몸속에 반려질병을 두 개나 키우고 있는 건지.

수년간 집중적으로 치료도 해 보았고, 수술도 받았지만 떠나지 않는 비염과 디스크. 이 정도면 나도 할 만큼 했고, 그래도 내 몸에서 떠나보낼 수 없었다면 이제는 받아들이는 연습을 해야 할 타이밍이다. 치명적인 병이 아니니까 다행이라며 억지로 긍정적인 생각을 하며 스스로 위로하려 하지 않는다. '왜 나는 이렇게 낫기 힘든 병들을 갖고 있을까?' 하고 지나치게 절망도 하지 않으려 한다.

그저 바라는 만큼 튼튼한 신체를 갖지 못했고, 생명에 지장을 주지는 않지만 조용히 삶의 에너지를 빼앗아 가는 증상들을 가지고 있으며, 조금만 방심하면 어마어마한 통증을 안겨줄 수 있는 시한폭탄을 척추 뼈 사이 어딘가 안고 살고 있다는 현실을 담담히 받아들일 뿐. 이 모든 것들이 굉장히 불행하지도 않지만 당연히 마음에 들지도 않는다.

내가 할 수 있는 건, 이런 일상에 행복이니 불행이니 하는 가치를 두지 않으며, 그저 있는 그대로 받아들이는 것뿐. 그리고 비록 뿌리는 뽑을 수 없어도 불편함을 줄여보려는 시도를 꾸준히 하는 것이 내가 이 반려질병들과 큰 싸움 없이 소소하게 살아가는 방법이다.

내 몸에서 나가라고 악다구니를 써도 달라지는 건 없고 스트레스만 받으니, 완전한 이별은 포기하되 삶이 조금씩 나은 방향으로 나갈 수 있도록 최대한 노력을 해보는 것. 마치 이혼까지는 합의하지 못했지만 졸혼에는 서로 동의하고 각자의 공간과 시간을 인정해 주는 나이 든 부부가 된 것처럼 말이다.

  그래서 오늘도 쉴 새 없이 덮쳐오는 콧물 공격으로부터 피해를 최소화하기 위해 피부에 조금이라도 자극이 덜 가는 부드러운 티슈를 구비해 둔다. 눈과 얼굴마저 가려워지는 꽃가루 날리는 계절에는 항히스타민제를 먹고, 감기 기운과 비염이 겹치며 하루이틀 지나면 앓아 누울 것 같은 징조가 보일 때는 따뜻한 차를 마시고 푹 자려고 한다. 무심코 다리를 꼬고 앉아있다가 화들짝 놀라며 자세를 고쳐 앉고, 아들에게도 "등 펴라, 안 그러면 엄마처럼 디스크 걸려."라고 얘기하며 그저 계속 살아가는 것, 그게 내가 이 반려질병들과 함께 일상을 지속하는 방식이다.

  매서운 겨울바람에도 감기 한 번 걸리지 않는 건강한 사람들을 보며 항상 부러워하는 나, 늘 골골대는 체력도, 불편한 비염과 디스크에서 평생 벗어나지 못하는 것도 정말 싫고 무엇 하나 맘에 들지 않는 나의 이 몸뚱이. 하지만 '그게 바로 나예요.' 하고 그저 받아들일 수밖에. 내일 하루는 오늘보다 조금 더 건강하기를 바라며.

우아한 할머니가 되고 싶어

노화

강영아

아주 오랜만에 남편의 다 벗은 몸을 찬찬히 바라보았다. '아, 이 사람도 세월 앞에서는 어쩔 수 없구나…' 생각하며 익숙한 듯 낯설게 그의 몸을 본다. 탱탱하던 엉덩이는 중력을 존중하는 자세를 취했고, 뱃살은 더 이상 앞뒤 구분을 거부하며 양옆으로도 확장 중이다. 그리고 어디선가 은은하게 풍겨오는… 음, 나이의 향기. 뽀얀 살구색을 떠나 어디론가 떠다니는 듯한 연한 회색빛의 피부. 그의 나체를 보며, 그럼에도 나는 이 사람을 사랑한다고 말할 수 있을까 생각해 본다. 그리고 이내 혼자만의 감동에 빠진다. '물론이지! 늙어가며 못 생겨져도 나는 당신을 사랑해. 왜냐하면 나는 포장지 너머의 진실에 가까운 그 무엇을 볼 수 있는 우아한 여자이기 때문이지. 당신이 점점 더 쭈글쭈글해져도, 나는 당신을 여전히 사랑할, 이렇게나 마음이 빛나는 여자야.' 나르시시즘 비슷한 어떤 기분과 감동에 도취되어 남편을 지그시 바라본다. 나 같은 여자가 당신 마누라라서 당신은 참 좋겠다는 식의 뻔뻔한 자기애가 극에 달하며 남편에게 키스하려고 다가가는데….

"부우웅~"

나를 현실로 불러들이는 내 몸의 소리. 그래, 남편만 늙는 게 아니지. 내 몸도 성실하게 늙어가고 있지.

"시력이 떨어진 것 같아요. 책에 있는 글씨가 잘 안 보이고, 흐릿해요. 약간 떨어져서 보면 글자 윤곽이 좀 더 뚜렷해지는 느낌이긴 한데, 그래도 예전에 비하면 확연히 안 보여요."

"네, 환자분. 한쪽 눈 가리고 여기 보세요. 이 숫자 읽어보시고, 위에 있는 글자도 읽어보세요. 반대쪽 눈도 해볼게요. 네, 좋습니다. 내리셔도 돼요. 그러니까 멀리서 보아야 더 잘 보인다는 말씀이죠? 그렇다면 그거는….”

 노안. 이 책을 편 당신이라면 아마도 낯설지 않을 그 단어, 노안. 어느 날 기대하지 않던 손님이 갑자기 찾아왔다.

 “그건… 노안인데, 돋보기를 쓰면 더 잘 보이긴 할 텐데요. 그런데 지금 환자분 나이가…?”

 당시 내 나이는, 서른아홉이었다. 안과 의사는 갸웃거리며 아직 노안이 올 나이라고 하긴 어려운데, 증상은 딱 노안이라며 한참 살펴보곤 추가 검사를 더 하자고 했다. '노안? 이게 질병의 이름이 될 수 있나? 이건 그냥 눈이 나이 들었다는 뜻 아닌가? 이게 그러면, 흠… 치료가 되긴 되는 건가? 돋보기…?' 검사를 받는 동안 머릿속에 파도들이 이쪽저쪽으로 춤추기 시작하더니 속이 메스꺼워졌다. 먼 미래의 일, 솔직히 남의 일인 줄만 알았던 생소한 손님이 문 앞에 노크하고 있었다. 들어는 보았지만 그건 정말 내 일이 아닌 줄 알았는데, 아직은. 당혹감은 이럴 때 쓰는 표현일까? 검사

받고 기다리는 잠시 동안 당혹감과 걱정, 현실 부정 같은 감정들이 풍선처럼 내 안을 가득 채웠다.

"다행히 검사상으로 큰 문제는 없어 보이네요. 시력도 나쁘지는 않으시고요. 안구 건조증이 있고, 각막에 미세한 상처들이 많긴 하지만 이것 때문에 흐리게 보이지는 않을 거예요. 불편하신 증상은 다 노안 증상이긴 한데, 일단은… 인공눈물 처방해 드릴게요. 수분 부족이 의외로 눈 피로도를 상당히 높일 수 있어요. 돋보기 쓰기엔 아직 젊은 편이니까 관리하면서 추적 관찰하도록 하시죠. 그리고 당분간 아침이든 오후든 책은 읽지 마세요, 핸드폰 사용 완전히 줄이시고요. 인공눈물 쓰면서, 이 증상에 대해 잊고 지내보세요. 증상 개선 없으면 그때 다시 방문하시고요."

인공눈물…? 노안이라는 단어도 낯설고 불편했지만, 처방이 인공눈물이라니. 어딘가 허무하고 제대로 보살핌받지 못한 듯 억울한 느낌이 들었다. 나는 정말 불편하고 걱정되서 병원을 찾은 건데 겨우 인공눈물이라는 답이 쥐어지니 이게 맞나 싶었다. 시간 내어 병원에 오면 현대의학의 차갑고 멋진 테크닉이 내 문제들을 깔끔하게 해결해 줄 거라 기대했던 걸까? 노안, 돋보기, 인공눈물의 쓰리콤보 공격에 어질해진 나는 '그래도 어쨌든 병원에 들러 체크는 해 보았다.'는 한 줌의 후련함과 무언가 깔끔하게 청소되지 않은 듯한 찝찝한 마음이 뒤엉켜 집으로 돌아왔다. 집으로, 부엌으로, 내 공간으로.

새벽 시간이 좋았다. 학교 다닐 때에는 일찍 일어나 새벽에 공부하면 집중이 잘 되는 느낌이라는 단순한 이유로 좋아했을 뿐이지만 출산 후, 특히 전업주부가 된 이후에는 그 시간이 더없이 소중해졌다. 조용하고 어두운 나만의 시간. 새벽 5시 10분. 고요하다. 물을 올리고 식탁을 정돈한다. 좋아하는 머그를 꺼내고 커피 필터와 커피 가루를 준비한다. 물이 끓으면 천천히 커피를 내린다, 되도록 천천히. 퍼지는 커피 향을 들이마신다. 흡족하다. 어제 읽던 책을 이어서 읽어야지. 아이들 깨기 전에 최소 30분 정도는 집중해서 읽고 또 30분 정도는 필사도 할 수 있겠다. 아, 좋다.

이 시간을 통해 특별한 지식을 얻는 것도 아니요, 콘텐츠를 생산해 내는 것도 아닌, 그저 순수하게 사부작사부작 즐기는 시간일 뿐이지만 나에게는 유일한 숨구멍 같던 시간. 아이들이 잠에서 깨기 전에 단 한 시간, 아니 30분이라도 조용히 이렇게 혼자만의 시간을 보내는 게 절실했다. 무거운 눈꺼풀, 늘어진 몸을 어떻게든 일으켜 고요한 식탁에 앉아 책을 읽거나 끄적이면 조금이라도 마음이 채워지는 듯했다. 학생 때와 다르게 출산 후에는 가뿐하게 눈 떠지는 날이 손에 꼽았다. 일시적인 출산 후유증 같은 거라고 생각했지만 아이들이 유치원에 가고 초등학생이 되어도 새벽 기상은 출산 전처럼 가뿐해지진 않았다. 그래도, 나는 새벽에 일어나기 위해 애썼다. 어떻게든 눈을 떠 나만의 시간을 한 입 한 입 천천히 만끽하면 하루치의 일상을 살아낼 힘을 얻는 느낌이었다.

  그랬다. 그랬었는데, 불행도 행운도 어느 순간 갑자기 찾아온다.

  서른 아홉의 가을 어느 날부터 새벽에 눈을 뜨면 안구가 뻑뻑하고 따끔따끔하며 눈앞이 흐리게 보이는 느낌이 들었다. 꼭 불투명 유리가 내 시야 군데군데를 가리고 있는 것처럼. 책을 펴면 그 느낌은, 느낌이 아니라 확실한 증상으로 다가왔다. 글자들이 흐릿흐릿, 느리게 춤추는 듯했다. 억지로 몇 줄이라도 읽어보려 책을 들고 있으면 비에 젖은 듯 흐릿흐릿한 글자들이 내 눈을 통해 들어와 나를 더욱 졸리고 어지럽게 하는 느낌이었다. 갑자기 왜 이러지? 침착하라며 스스로에게 삼박자 응원 구호를 외쳐보고 눈을 지그시 눌러 보아도 변화가 없었다. 다시 잠깐 눈을 붙였다 일어나도, 세수를 해도, 커피를 마셔도 그 느낌은 나아지지 않았다. 글자들은 여전히 춤추고 있었다.

나는 공감한다. 이성적으로 생각하면 이해되지 않는 미련해 보이는 선택들에 공감한다. 어딘가 안 좋다고 할까 봐 건강검진을 가지 못하는 그런 미련한 마음을, 나는 공감한다. 눈이 흐릿해서 글자가 잘 보이지 않던 첫날은 그냥 그날의 컨디션 때문일 것으로 생각했다. 좀 더 자거나 쉬어주면 괜찮겠지, 하고 스스로 생각해 버렸다. 당장 그날 책을 못 읽는 건 짜증 났지만 그래도 심각하게 여기고 싶지 않았던 거 같다. 하지만 다음 날, 그다음 날 새벽에도 눈이 흐릿하긴 마찬가지였다. 심지어 글자들은 더욱 격렬히 춤추는 느낌이었다. 이게 무슨 일일까, 혼자 궁리하다가 약간은 기대하는 마음으로 낮에 책을 열어보았다. 그리고 직면했다. 나는 병원에 가봐야 한다는 사실을. 점점 더 뚜렷해지는 증상과 단서들이 나에게 말하고 있었다. 병원에 가야 해. 의사를 만나 진료를 받아야 해. '아…병원 가기 싫은데….'

어릴 때부터 병원을 별로 좋아하지 않았다. 아니, 솔직히 무서워했다. 어느 종류의 병원이든 마찬가지였다. 여러 이유가 있었겠지만 아마도 의사들이 내 상황을 완전하게 이해하지 못한다는 아쉬움, 진료를 보고 나와도 시원하게 해결되지 않는 기억들이 쌓여서 그랬던 거 같다. 전반적으로 모든 종류의 병의원을 신뢰하지 못했고 기대치가 낮았다. 그런 나인데 이제 점점 코너에 몰린 느낌이었다. 피할 수 없구나, 직면해야 하는구나, 병원에 가야 하는구나. 내 나름으로는 동네 안과를 찾아가는 것도 상당히 용기를 끌어모은 행위였다. 막상 해보면 별일 아니지만 시작하기까지 너무나 많은 고민과 주저함과 결심이 필요한 일들이 있다. 병원에 가는 것이 나에게 그러했다. 그렇게 멱살 잡혀 끌려가듯 방문한 병원에서 내려준 진단과 처방이 노안에 인공눈물이라니… 왠지 맥이 빠지는 듯한 느낌을 지울 수 없었다. 그리고 의사의 마지막 당부는 내 증상이 얼마나 사소하고 일상적이고 안온한 것인지를 더욱 명확히 보여주는 듯했다. 심각한 질환이 아니라니 안심하면서도 오히려 벗어날 수 없는 노화의 트랩에 걸려버린 처량한 처지라는 깨달음에 안도와 절망이 동시에 느껴졌다.

 노화. 인간은 태어나 살아가다가 죽는다. 누구나 그렇다. 보송보송하게 태어나서 쭈글쭈글하게 죽는다. 인지하고 있든 아니든, 우리는 매일매일 어제의 나와 작별하고 있다. 솜털 같은 아이들이 뽀얗게 무럭무럭 성장하듯 나도 하루하루 점점 더 예뻐지고 화사해지기만 한다면 얼마나 좋을까. 하지만 20대 후반부터 우리는 노화의 길로 접어들며 몸의 모든 곳에서 탄력이 떨어지기 시작한다. 신체는 부지런히 그렇게 매일을 살아내고 있다. 좋든 싫든 사실이 그러하고 우리에겐 그 사실을 어떻게 받아들일지 정도의 선택지만 있을 뿐 피할 수는 없다. 순순히 받아들일 것인지 무슨 수를 써서라도 최대한 늦게 인정하려고 발버둥 칠 것인지…. (보톡스,

울쎄라부터 콜라겐 패치, 영양제 등등 떠오르는 단어들이 많지만 참아본다.) 내 눈도 그렇게 당연하게 나이 들고 있는데 내 마음은 아직 그 사실을 받아들일 준비가 되어있지 않았다. 발버둥 치고 싶었다. 머리로 아는 것과 실제로 닥쳐서 경험하는 것에는 얼마나 깊은 틈이 있는지.

집에 돌아와 잠시 앉아 정신을 추슬렀다. 이 증상이 사라지지 않을 수도 있다는 가능성을 받아들이기 위해 가만히 마음을 정돈하고 머리로 곱씹었다. 더 나쁜 소식이었을 수도 있었다. 요즘 돋보기는 좀 예쁘게 나올지도. 오디오북을 더 활용해 보면 어떨까 등등 작은 생각의 파도들을 가만히 떠오르는 대로 지켜보고 인정하고 받아들이는 시간이 지나고 나니 한결 숨이 쉬어지는 기분이었다. 그래, 그럴 가능성이 있지. 이 증상은 사라지지 않을 수도 있고 난 돋보기를 써야 할 수도 있어. 그럴 수도 있어. 지금은, 내가 할 수 있는 것에 집중하자! 지금 내가 할 수 있는 것.

의사 선생님 말씀을 충실히 따랐다. 책을 아예 펴보지 않았고 폰도 내려놓았다. 매일 아침저녁으로 인공눈물을 넣었다. 그렇게 성실히 지내던 어느 날 새벽, 오늘은 책을 펴봐도 될까 잠시 고민하는데 목에서 비타민 냄새, 구체적으로는 아로나민 골드 비슷한 냄새가 올라왔다. 그 냄새를 인지한 순간 가슴 한가운데가 싸르르 아파지기 시작했다. 보이지 않는 손이 엄지로 명치를 꾸욱 누르는 것도 같았고, 가슴 안에 작은 불꽃이 커졌다가 작아졌다 하는 것도 같았다. 이건 또 뭐지? 심리적인 걸까? '노안'이라는 진단에 내 생각보다 너무 스트레스 받아서 몸이 반응하는 걸까? 일단 숨을 좀 천천히 깊게 쉬어 보자. 휴우, 릴렉스, 이 또한 지나가리, 심호흡, 자… 이제 괜찮겠지?

괜찮았을까? 통찰력 있는 독자님이라면 내 새벽 루틴에서 알아차렸을 다음 손님.

역류성 식도염. 노안을 채 받아들이기도 전에 다른 손님이 왔다. 이 손님도 노안처럼 예고 없이 방문했다. 참 무례한 녀석들. 노안의 느닷없는 등장에 문 열어 줄까 말까 고민하는 사이, 한 녀석이 더 찾아와 문을 두드리고 있으니 화가 나다 못해 어이없어서 헛웃음이 나기 시작했다. 역류성 식도염의 증상은 꼭 광고에서 보던 것과 흡사했다. '작열감'이라고 하는 가슴 한복판 정중앙에 불타는 느낌과 누르는 듯 답답한 압박감이 동반되었는데, 이러한 증상들은 주로 잠들기 전과 잠에서 깨어난 직후에 명확하게 느껴졌다. 구토할 것 같은 느낌이 들지만 구토는 나오지 않는다. 그리고 분명히 '타는 듯한 느낌'이 확실히 있다. 가슴 중앙에 불꽃을 그려놓은 제약회사의 광고는 매우 적확한 것이었다.

소화기내과에서 위내시경을 통해 역류성 식도염을 확진받았고, 2주 동안 술과 커피는 금지된 채로 식도염 약을 먹어야 했다. '소화기내과'라니! 동네 안과의원 가기도 주저하던 몇 달 전의 나에게서 너무나 전문적이고 세련된 의료용어가 나오는 듯해서 혼자 내심 뿌듯해했다는 사실은 비밀이다. 약을 먹는 2주 동안 약간의 반성과 자책을 하게 되었다. 노안과 조금 달랐다. 노안은 내가 책을 펴지 않으면 잘 느껴지지 않았다. 그렇지만 이 녀석은 내가 무시하고 싶어도 수시로 펌프질하듯 가슴을 치며 작열감과 압박감을 선사해 그 안에 자기 존재를 확인시켜 주었다. 기도하듯 꼬박꼬박 처방받은 약을 먹고 생활 수칙을 지키며 즉, 술과 커피를 일절 입에 대지 않으며 도 닦는 마음으로 2주를 보내고 나니 한결 나아짐을 느꼈다.

"선생님, 확실히 나아요. 완전히 해소된 느낌은 아니지만 훨~씬 편해요!"

"그래요. 잘됐네요. 더 이상 약은 안 드셔도 되겠어요. 하지만 이게 쉽게 재발이 되니까 생활패턴은 앞으로도 고친다 생각하시고 신경 써보세요. 특히 술이랑 커피. 환자분이 뭘 잘못해서가 아니라 나이 드는 거라 어쩔 수 없어요. 그냥 그러려니 하고 이제 관리하시면 돼요. 주기적으로 내시경 받으시고요."

2주만 참으면 되겠지 했던 순진한 기대는 망치를 맞은 듯 얼얼해지며 같은 말이 반복적으로 들려왔다. 술 그리고 커피… 특히 술! 그리고 커피! 운동을 즐기는 사람들이 신기했다. 나는 힘들기만 하고 재미를 모르겠던데. 술을 마시지 않는 사람들도 신기했다. 술을 안 마시면 무슨 재미로 사나 궁금했다. 커피를 못 마시는 사람들은 신기하다 못해 안타깝기도 했다. 이 맛있는 걸… 뭐랄까, 딱하다고 생각했달까. 그런데 이제 내가 그 딱한 사람 중 한 명이 되어야 하는 거구나, 하하하. 이제 마흔의 나는 그동안 절친이었던 술과 커피에 안녕을 고하고, 정말 친해지고 싶지 않았던 병원과 그리고 어쩌면 심지어 운동과 친해져야 할 때가 되었구나. 육아 퇴근 후 맥주 한 잔 안녕. 새벽의 커피도 안녕. 이제 나는 새로운 나를 받아들여야 할 때가 되었구나. 나이든 나를, 매일매일 나이 들어가는 나를.

부끄럽지만 이 시점에서 당시 겪었던 약간의 우울감에 대해 고백해야 할 것 같다. 나는 마흔을 앞두고 갑자기 찾아오는 각양의 증상과 진단들에 의연히 대처하지 못했다. 내 몫이 아니라고 여겼던 불행의 등장에 피해자가 된 듯한 억울함에서 쉬이 헤어 나오지 못했다. 솔직히 말하자면 그때는 이 모든 손님들이 '불행'이라고 느껴졌다. 당시에 나는 나이 든다는 것에 대해 이렇게 생각했었다. 나이 든다는 것은, 몸의 기능이 예전 같지 않다는 뜻이고, 같은 일을 해내기 위해 더 많은 시간과 집중이 필요해진다는 뜻이다. 나이 든다는 것은 내 몸에서 반갑지 않은 냄새가 난다는 뜻이다. 나이 든다는 것은 자정의 클럽을 더 이상 즐길 수 없다는 간단한 의미가 아니라 스스로 화장실 뒤처리도 어려워질 수 있다는 근본적인 인간 존엄이 위협받는 과정이다. 나이 든다는 것은 어쩌면… 조금 솔직히 짧게 표현하자면, '냄새 나고 능력이 떨어지는 과정'이 아닐까. 이제 나에게는 나이 들어가는 일만 남았나, 내 인생 전반전에 이룬 것 하나 없이 이렇게 순순히 수동적으로 나이 듦을 받아들일 수밖에 없는 건가, 하는 우울한 사고의 흐름에 빠져 있었다.

지금 생각하면 너무 극적으로 나이 듦을 불행으로 과장한 스스로가 부끄러워지지만 당시에는 그랬다. 몸이 아프고 불편한 것 못지않게 정신적인 타격이 상당히 컸다. 피할 수 없는 과정이라는 걸 머리로는 이미 알고 있었는데, 머리에서 가슴으로 내려와, 변화하는 나를 진심으로 받아들이기까지 얼마나 걸릴지 자신이 없었다. 남의 일이 아닌 내 일, 내 운명, 내 몸임을 절실히 인지하고 인정하고 수용하고 그리고는 결국 사랑하기까지 얼마만큼의 시간과 애씀과 고민이 필요했는지.

워킹맘에 주말부부였던 나는 2호를 낳으면서 전업주부가 되었다. 자발적이든 비자발적이든 어쨌든 최종적으로는 내가 선택한 것이었다. 10년 가까이 운영하던 업장이 화려한 겉보기와 다르게 실속 없이 내 젊음을 연료로 그저 까먹고 있는 상황에 쫓기듯 정리했다. 매몰 비용에 갇혀 포기하지 못하는 것보다는 나은 선택이었다고, 그렇게 스스로 위로했지만 나를 이루던 기둥 하나가 무너진 상실감은 감출 수 없었다. 나는 분명 정신적으로 뭔가 구멍 난 상태였다. 회복할 수 있을까? 다시 시작해서 첫 시도의 실패를 만회할 수 있을까? 만회하려 애쓰다가 또 실수하면 그땐 정말 돌이킬 수 없을 나이라 더욱 두려웠다. 아주 조심스러워졌고 비관적인 사람이 되어 가고 있었다. 나도 모르게 점점.

그러면서도 늘 약간의 알 수 없는 불안감과 부채감이 함께 했다. 나도 일을 해야 하는 것 아닐까, 이대로 있어도 되나, 다시 나갈 자신은 있나 고민할 때 코로나19 사태가 터졌고 오히려 잘 되었다고 생각했었다. 차라리 잘 됐다. 이럴 때 내가 나가서 일한다고 동분서주 중이었으면 아이들을 어떻게 돌봤을까 싶었다. 적절한 시기에 잘 정리했구나 스스로 위안했었다. 격리와 거리두기로 눈앞에 닥친 하루하루를 지내다 보니 어느새 아이들이 훌쩍 자라 있는 게 눈에 들어왔다. 그러자 또 다시 불편감이 따리 틀기 시작했다. 뭐라도 해야 하는 거 아닐까, 이대로 있어도 괜찮은 걸까. 워킹맘이어야 하는데 아닌, 해내야 할 역할을 하지 못하고 있다는 불안감 혹은 죄스러운 마음. 1인분을 하고 있지 않은 듯한 불편한 느낌. 무어라 정의 내리기 어려운 그 마음. 하루하루 분초를 다투며 정말 치열하게 워킹맘으로 살아가는 주변인들을 볼 때면 안쓰럽기도 하고 대단하다고 생각하기도 했지만 솔직한 마음으로 부럽기도 했었다. 한편으론 묘한 반감도 들었다. 실패한 사람(전업주부가 실패했다는 의미가 아님을 유의하자. 당시에 나는 '나 자신'을 실패자로 여겼을 뿐이다.)은 어쩌라고? 해내지 못한 사람은 어쩌라고? 누구에게인지 모를 화를 내기도 하고 그랬었다. 진심으로 워킹맘으로 돌아가길 바랐다면 두려움을 이겨내고 다시 시작할 방법을 모색했어야 하지만, 당시의 나는 두려움을 인정하고 싶지는 않았던 건지, 일단은 아이들과 함께해야 할 이유를 찾아 쥐며 앞뒤로 막힌 듯한 상황을 그냥 살아내고 있었다.

아직 온전한 자립이 되었다고 스스로 인정하기도 전에 몸의 노화부터 찾아오니 정말 우울할 수밖에. 아직 내 인생 시작도 못 한 거 같은데, 하하. 한참 노안이며 역류성 식도염이 찾아올 때 겪은 우울감은 그저 신체의 변화에 대한 감정일 뿐이었던 게 아닌 듯하다. 어쩌면 내 자존감이 부실한 상태를 애써 모르는 척 살다가 신체 노화와 함께 수면 위로 떠오른 깊은 감성을 마주하며 분출된, 꽤 오래 묵혀진 상실감이 원인이었을 걸로 추측한다. 우울할 만했다고 스스로 다독여본다. 그럴 수 있다고.

사실 전업주부도 꽤 바쁘고 정신없이 산다. 백수가 과로사한다는 옛말은 과학이다. 남들한테 어엿하게 내가 무얼 한다고 말할 거리가 없을 뿐, 내 하루는 참 바빴다. 매일 공을 들여도 딱히 눈에 보이지 않는 일들. 그렇다고 게을리하거나 빼먹으면 티 나는 그런 일들. 전업주부로 살면서 어떻게 자기 평가를 하고, 스스로의 하루에 의미 부여를 했는지는… 솔직히 고백하자면 아직도 매일 찾고 있다. 나 개인이 아닌 가족공동체 단위의 자립에 나름 중추적 역할을 맡고 있음을 스스로 늘 상기하려 애쓰는 것도 비슷한 맥락이다. 어떤 때에는 일상의 소소하지만 위급하게 느껴지는 일들로 바쁘게 살며, 자아찾기라든지 자존감이라든지 자립 같은 주제에 대해선 기꺼이 눈을 감는다. 그러다가 잠시 숨 돌릴 틈이 주어지거나 무언가 제대로 되고 있지 않다는 느낌이 들 때면 다시 아주 근본적이고 묵직한 주제들을 꺼내어 고민한다. 객관적으로 몇 점짜리 주부이든 상관없이, 스스로 주부로서 내 가치를 충분히 인정하는 것은 정신 건강과 심리적 자립에 가장 기초가 되는 부분임은 틀림없다.

여러 복잡한 감정들은 의식 밑 깊은 곳에 나도 찾을 수 없게 숨겨놓고 살다가 몸의 노화가 찾아오며 다 함께 끌어올려졌다. 마음이 우울감으로 꽉 채워지고 터질 듯 말 듯하다가 몸에서도 변화가 시작되니 이런저런 감정들이 마구 튀어나왔다. 그래서 뭐 어쩌라고 하는 마음으로 주저앉아 내 안에서 나오는 감정들을 마주할 수밖에 없었다.

새벽 시간. 결국 내가 붙잡고 기댈 곳은 다시 새벽 시간이었다. 아이들이 깨기 전에, 혼자 고요히 앉아 분출하는 감정들과 날뛰는 생각들을 받아 적었다. 날 것 그대로 주욱 떠오르는 대로 적다 보면, 뱉어 내지 않았다면 계속해서 내 안에서 나를 갉아먹었을 날 선 언어들이 노트 위로 새어 나가 조금씩 편안해지기 시작했다. 그렇게 독서와 필사로 채우던 내 새벽 시간은 감정을 뱉어 내는 글쓰기로 다르게 채워졌다. 삶의 전반전을 구성하던 기둥이 무너진 후 무의식 중에 누군가 다시 채워야만 할 것 같아서 쫓기듯 몰입했던 걸까? 나는 채움보다 비움이 필요했던 것은 아닐까 생각해 본다. 계속 썼다. 남들에게 보여줄 수 없고 나 스스로도 다시 읽기 어려운 감정의 배설물 같은 글을 매일 쓰면서 조금씩 나에게만 함몰되어 있던 시야가 점점 밖으로 고개를 들어 마침내 주변을 살펴볼 힘이 생기는 걸 느꼈다. 내 생각, 내 이야기에만 함몰되지 않기. 시간과 공간의 스펙트럼을 늘려 나에게 얼마나 다양한, 긍정적으로든 부정적으로든, 인생이 펼쳐질 수 있었는지 상상해 보기. 나에게 지금 주어진 것을 더 명확히 인지하기.

엄마이기에, 해내야 하기 때문에, 이러한 당위의 이유가 아닌 진심으로 내 존재 자체를 이해하고 충분히 인정해 줄 수 있기를 바랐다. 미친 속도의 자본주의 현대사회에서 생산성이 떨어져 가는 존재에 대해 과연 어떠한 의미를 부여하고, 너그러이 자리를 내어줄 수 있을지 고민스러웠고, 지금도 그 부분에 대해선 분투 중이다. 하지만, 오늘의 나는 쭈글쭈글해지는 나를 볼 수 있다는 자체가 얼마나 행운인지 어렴풋이 알 듯하다. 그리고 심지어 감사의 마음이 우러나오는 순간도 있다. 신은 인간에게 아름다움만 준 것이 아니라 똥도 주었으니 똥에 대한 책임은 신에게 있다는 쿤데라의 외침을 기억하자. 똥은, 혹은 나이 듦은 인간의 잘못이나 흉이 아니라 그저 주어진 것일 뿐이다. 자책할 일도 억울할 일도 아닌 그저 받아들이고 소화할 대상일 뿐이다. 우리는 어떻게 소화할지 정도만 선택할 수 있다.

다행히 우리가 나이 들며 몸만 변화하는 것이 아니었다. 우리는 이제 인스타그램의 반짝반짝한 사진 뒤에 숨은 허름한 현실을 꿰뚫어 볼 약간의 통찰은 얻지 않았을까? 지금의 나는 구멍 없는 삶은 없다는 걸 안다. 필터를 지우고 본질을 볼 수 있는 능력, 실패를 겪고 나이 들며 얻어진 통찰과 이해. 어쨌든 노화는 누구에게나 예정된 방문일 뿐이고, 나는 조금 이른 등장에 당황하긴 했지만 이 손님과 사이좋게 지내는 방법을 계속 탐구 중이다. 앞으로 또 어떤 일이 생길까? 다음은 뭘까? 이젠 내가 좀 더 의연히 받아들일 수 있을까? 그런 질문을 하며 한껏 우아한 표정으로 생각에 잠긴다. 가끔 의도치 않게 새어 나오는 방귀를 뀌면서.

그렇다. 마흔이 되던 겨울, 역류성 식도염의 충격이 겨우 옅어지려던 그때, 세 번째 손님이 찾아왔다. 너무 솔직한 이야기를 쓰는 것 같아 민망하기도 하지만, 나이 드는 자체는 부끄러운 일이 아니(라고 스스로 다시 되새기며)니 더욱 진솔하게 세 번째 방문 손님까지 기록했다. 사실 노안·역류성 식도염·잦은 방귀, 이 모든 증상은 일맥상통하는 부분이 있다. 조였다 풀어주는 근육의 힘이 약해져 제대로 조여주지 못하거나, 그 과정이 더디게 이루어져 이러저러 다양한 증상으로 나타나는 것이다. 방귀라니… 하하하. 방귀는 내가 뜨거운 밤을 보낼 준비 중인지 혹은 아이 친구 엄마들과 티타임을 즐기고 있는지 상관하지 않는다. 역시 나이 드는 것은 밖에서 보기에는 그다지 우아하지 않다.

하지만 나는 나이 드는 내 몸과, 또 함께 늙어가는 주변인들을 우아하게 사랑해 줄 수 있을 것 같다. 중년의 배 나온 아저씨가 식당에서 방귀를 뀌어도 눈살 찌푸리기보다는 연민과 공감을 보내게 될 것 같다. 노안 덕택에 흐려진 눈으로 삐죽삐죽한 모서리는 부드럽게 보이고, 나의 모자람도 타인의 어설픔도 그저 삶의 한 모습으로 받아들일 수 있다. 그렇게 나는 나를, 그리고 내 곁에 있는 이들을 품을 수 있기를 희망한다. 자아도취와 자괴감 사이를 아슬아슬 줄타기하며, 하루하루 우아한 할머니를 향해 나이 들고 있다.

여행 중 마주친 싸구려 식당의 벽에 걸려 있던 문구에서 깊은 위로와 힘을 얻는다.

"Life isn't about waiting for the storm to pass, it's about learning to dance in the rain.(삶은 태풍이 지나가기를 기다리는 것이 아니다. 빗속에서도 춤출 수 있는 법을 배워가는 과정이다.)"

변화를 회피하기보다는 오히려 그것과 춤을 추는 자세.

내 눈치 없는 방귀와 남편의 방만한 주름살을 웃어넘기는 여유. '노화'를 '나이 듦'으로 받아들이는 태도. 발효와 부패는 한 끗 차이다. 하루하루를 공들여 숙성시키는 마음으로 살아내고, 주어진 생을 음미하듯 만끽하며 명랑하게 꾸려가고 싶다. 거칠고 투박한 내 기록에서 누군가 잠시라도 위로와 힘을 얻기를 소망해 본다.

에필로그

적당히 씩씩하게 살아갑니다

각자의 시간과 공간에서 아프지만 씩씩한 날들을 살아오던 11명이 모여 비슷하지만, 다른 이야기를 담았습니다. 함께 책을 쓰려고 모였는데 책 쓰기보다는 서로의 병을 이해하며 울고 웃던 순간이 더 많았던 날들이 스쳐 지나갑니다. 몇 번의 계절이 지나가는 동안 쓰다듬으며 위로하기도 하고 그동안 덮어두고 지낸 다른 슬픔을 다시 꺼내보며 성장했습니다.

같이 아프고 함께 성장한 날들을 남겨봅니다.

강영아

달리지 않으면 깔려버릴 듯 바쁘게 돌아가는 일상에서 잠시나마 '글을 쓰기 위해' 앉으면 다른 속도와 질감의 시간이 흐르는 듯했다. 함께라서 여기까지 올 수 있었음을 스스로 다시 상기하며, 이러한 '작가적 시간'을 선사해 준 동료 작가님들께 나의 모든 감사를 드린다.

글쓰는하루

글을 쓰고 싶다, 책을 내고 싶다, 오래전부터 생각만 해오고 늘 '언젠가는'이라는 단어 뒤에 숨은 채 실행은 미뤘다. 마음 맞는 동지들을 우연히 만나 수십 년간 마음속에만 간직해 온 꿈을 수개월 만에 현실로 이루게 되니 얼떨떨하기도 하고 커뮤니티의 힘을 새삼 깨닫게 된다. 온라인 세상 속 닉네임으로만 인사를 나누던 사람들과 책 한 권을 만들어내다니, 게다가 그 소재가 질병을 겪어낸 이야기라니, 계획한 적도 상상한 적도 없는 일이 일어나는 걸 보면 인생이란 참으로 흥미진진 예측불허다. 이 책을 내는 과정에서 든든한 동료들을 얻었고, 그토록 지긋지긋하기만 했던 나의 만성 질환은 반려질병이라는 애칭을 받았다. 이 책을 준비하며 내가 인생의 새로운 챕터를 연 것처럼, 독자 여러분의 마음에도 기분 좋은 파동 한 점을 선사할 수 있기를 바란다.

김지은

하나님 감사합니다. 아버지, 내 아버지, 죽었던 나를 살려주셔서 감사합니다. 남은 생애 내 욕심, 세상의 것들로 채우기보다 이웃을 살리고 은혜를 채우는 삶으로 거듭나도록 하겠습니다.

"이전 것은 지나갔으니 보라. 새것이 되었도다."

날씬병아리

인생 '사춘기'와 '갱년기'가 서로 경쟁하듯 나를 덮쳤다. 그 더미에 깔려 있던 나를 일으켜 세우는데, '책을 세상에 내놓는다.'는 새로운 시도는 적잖이 큰 도움이 되었다. 진실로 내가 원하는 것을 실행하는 첫 발자국, 혼자라면 절대 불가능했을 것이다. 스스로를 다 헤집어 보여주면서 그동안의 불필요한 화장과 가식을 어느 정도 벗어 놓은 듯하다. 오롯이 나를 뒤돌아보는 계기가 되기도 했고, 앞으로의 인생을 뭔지 모르지만 40대보다 훨씬 재밌게 만들어 갈 수 있을 거라는 근거 없는 자신감이 생겼다. 함께해 주신 동료 작가님들에게 무한한 감사 말씀을 올립니다.

노마드맘

"책 한 권 내세요.", "책이나 쓰러고요."리고 가볍게 툭 던지는 말은 책 쓰기에 관한 오해에서 비롯되었다는 것을 깨닫는 과정이었다. 언젠가 내고 싶었던 책이 정말 세상에 나온 이 역사적인 순간은 책 쓰기 과정을 온전히 함께해 주신 작가님들 덕분이다. 병명을 찾아가는 과정에 가장 위로가 되었던 것은 같이 아픈 사람들이었다. 또 지켜보던 분들께서는 아픈 건 소문을 내야 한다는 걸 알게 해주셨다. 병명을 찾는 답답한 여정에 위로와 정보를 던져주신 많은 분들께 감사하다. 마지막으로 매일 아프다고 찡그리는 엄마에게 아프지 말라고 응원해 주는 내 삶의 원동력 호호 자매와 늘 응원을 보내주는 가족들에게 고마움을 전한다.

몰디브

 하필 그곳이 아파서 말도 못 하고 혼자 끙끙 앓아야 하는 외로운 생활이라고 생각했다. 하지만 나는 나의 질병과 적당히 사이좋게 나이 들어가고 있었다. 미처 알지 못했던 질병과의 동행에 대해 되돌아보고, 앞으로 또 사이좋게 지낼 수 있는 전환점이 된 것 같다. 책 읽기를 좋아하고 글쓰기를 좋아하던 나에게는 어렵지만 설레는 작업이었다. 내가 아프나 안 아프나, 해가 뜨나 달이 뜨나 함께 나누는 행복함을 매일 퍼부어주는 남편과 가족들에게 감사한 날들이다.

박순영

 '한 발을 내디디면 다음 발이 따라간다.'는 말을 좋아한다. 일단 시작을 하면 어떻게든 나아가게 되는데 사람들은 첫걸음을 내딛기가 힘들어 도전을 포기한다. 그 힘든 첫걸음을 어깨동무하며 함께 떼어준 공저 작가님들에게 진심으로 감사를 전한다. 삶의 굴곡이 없으면 말에 힘을 얻을 수 없다고 한다. 온몸으로 부딪히며 씩씩하고 용감하고 성실하게 인생을 살아온 우리들의 글이 단단한 힘이 되어 비슷한 고민을 하는 누군가에게 따뜻하게 닿았으면 좋겠다. 우리의 글로 인해 한 명의 독자라도 미래를 위해 한 발을 뗄 수 있다면 그것만으로 글을 쓴 보람이 있을 것 같다. 든든한 지지를 해 주는 워킹맘 선배이신 친정엄마, 늘 응원해 주는 남편과 아들에게 감사의 마음을 전한다.

윤경랑

고통으로 점철된 시간이었다. 다시 돌아보고 싶지 않은 순간들이었다. 그러나 받아들이고 껴안음으로써 비로소 마음의 평화가 찾아왔다. 나에게, 우리 가족에게 왜 이런 일이 생겼을까 하는 원망과 아픔도 흐르는 시간에 희석되어 점차 묽어졌다. 아무 일도 없던 듯 가슴속 깊이 묻어둘 수도 있었지만 꺼내어 되새기니 비로소 내 삶이 되어 나로 엄마의 자리로 돌아올 수 있었다.

아픔 없는 삶은 없는 것 같다. 하지만 겨울이 가면 찾아오는 따스한 봄 햇살처럼 그저 따뜻하게 서로 안아주며 긴 인생을 살아갈 수 있으면 좋겠다. 아픈 시간이었지만 돌아보고 정리할 수 있는 기회를 만들어 주시고 글을 쓸 수 있도록 독려해 주신 작가님들께 이 자리를 빌려 감사드리고 싶다. 아픔의 시간 함께하시며 따뜻하게 안아주셔서 고맙습니다.

이정화

짧은 글이지만, 글을 쓴다는 건 결국 내면을 깊이 마주하는 일이었다. 그리고 그건 마치 무대 위 조명 아래 벌거벗은 채 서 있는 기분이었다. 그 민망함과 부끄러움은 솔직할수록 더해졌고, 더는 쓰고 싶지 않다는 생각이 들 때도 있었다.

하지만 함께하는 이들이 있어 끝까지 달려올 수 있었다. 오랫동안 하던 일을 정리하고 새로운 도전을 고민하던 시기에 우연히 시작하게 된 이 공저 프로젝트는 내게 '한발 더 나아갈 용기'를 주었음을 고백하며, 함께한 필진들에게 마음 깊이 고마움을 전한다. 그리고 내 삶의 여정에 언제나 함께하는 짝꿍과 우리 딸 그리고 가족들에게도 마음 깊은 감사와 사랑을 보낸다.

최강임

하루하루 앞을 보며 달려가다, 가끔 나의 행적은, 그 자취는 어디일까 더듬어 볼 때가 있다. 한 발자국 물러서서 지나온 길을 더듬어 보아야 했을 때, 후회의 순간들도 많지만, 감사로 물든 시간도 무척이나 많았다. 아픔과 기쁨으로 점철되던 그 순간순간의 시간들이 바탕이 되어 조금 더 단단해지고, 세상에 어우러질 수 있는 사람으로 성장해 있지 않았나 생각된다. 응원을 아끼지 않는 가족들과 친구들에게 감사함을 전한다. 그리고 툭 던진 한마디에 너도나도 손을 들어 모인 공저 작가님들과 함께할 수 있음이 내겐 큰 행운이었다. 다들 감사드립니다.

타임푸어

본문의 나는 뭐든 다 혼자 해낸 것처럼 적었지만 투병을 하며 가장 크게 느낀 것은 주변 사람들에 대한 고마움이다. 아프다고 친동생도 안 해주는 것을 해주러 온 생명의 은인, 아프면 잘 먹어야 한다고 온갖 좋다는 과일 소고기와 선물을 보내준 중학교 동창과 아이 친구 엄마들, 누워 있으면 심심하다고 주기적으로 연락해 주고 밖으로 불러내 준 처음엔 아이 친구 엄마로 만났으나 이제는 내 친구가 된 친구들과 회사에서 사회에서 만난 다양한 인연들, 내가 고민하는 게 있을 때마다 한 권씩 필요한 책을 선물해 준 지인, 조용히 우리 집 살림을 챙겨주고 있는 도우미 이모, 혼자 잘 사는 줄 알았던 큰딸이 아프다는 소식에 평생 처음으로 동생들 다 제치고 나를 전적으로 챙겨 준 친정엄마, 기꺼이 아이들 돌보기를 혼자 다 떠맡고 틈만 나면 넌 안 아픈 사람이라고 살아날 거라고 강조해 준 남편, 그리고 마지막으로 엄마가 아파도 늘 씩씩하고 즐겁고 밝은 나의 사랑하는 세세들. 이 모든 존재들에게 진심으로 감사하며, 앞으로도 신세 좀 계속 질 테니 잘 부탁드린다.

  11명의 필진이 책을 준비하는 동안 저희만 자란 것은 아닙니다. 암세포도, 통증도, 병원비도 함께 자랐지만 그래도 버틸만합니다. 더 이상 혼자 아프지 않고 함께 아프니까요. 하루하루를 들여다보면 아프고 힘들고 짜증 나는 날들이지

만, 며칠 물러서서 생각해 보면 일도 하고 아이도 키우고 운동도 하고 책도 읽고 글도 쓰고 혹은 허송세월도 보내며 주어진 시간을 적당한 밀도로 채웠습니다.

  언젠가는 완치 판정을 받을 수도 있고 먹는 약이 줄어들 수도 있겠지요. 그때는 또 그 기쁨을 만끽하며 11명의 필진, 이 책을 통해 새로 만난 이들과 같이 나누겠습니다. 그사이 새로 생긴 다른 병들을 내 몸에 맞이하고, 소개하며 다시 위로를 주고받겠지만, 그래도 또 적당히 씩씩하게 살아보겠습니다.